中国社会科学院创新工程学术出版资助项目

国家社科基金重大特别委托项目
西藏历史与现状综合研究项目

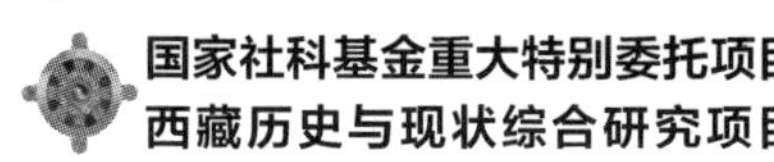

中国社会科学院创新工程学术出版资助项目

国家社科基金重大特别委托项目
西藏历史与现状综合研究项目

西藏藏族人口相关数据分析研究

王娜 著

社会科学文献出版社
SOCIAL SCIENCES ACADEMIC PRESS (CHINA)

西藏历史与现状综合研究项目
编　委　会

总序

郝时远

中国的西藏自治区，是青藏高原的主体部分，是一个自然地理、人文社会极具特色的地区。雪域高原、藏传佛教彰显了这种特色的基本格调。西藏地区平均海拔4000米，是人类生活距离太阳最近的地方；藏传佛教集中体现了西藏地域文化的历史特点，宗教典籍中所包含的历史、语言、天文、数理、哲学、医学、建筑、绘画、工艺等知识体系之丰富，超过了任何其他宗教的知识积累，对社会生活的渗透和影响十分广泛。因此，具有国际性的藏学研究离不开西藏地区的历史和现实，中国理所当然是藏学研究的故乡。

藏学研究的历史通常被推溯到17世纪西方传教士对西藏地区的记载，其实这是一种误解。事实上，从公元7世纪藏文的创制，并以藏文追溯世代口传的历史、翻译佛教典籍、记载社会生活的现实，就是藏学研究的开端。同一时代汉文典籍有关吐蕃的历史、政治、经济、文化、社会生活及其与中原王朝互动关系的记录，就是中国藏学研究的本土基础。现代学术研究体系中的藏学，如同汉学、东方学、蒙古学等国际性的学问一样，曾深受西学理论和方法的影响。但是，西学对中国的研究也只能建立在中国历史资料和学术资源基础之上，因为这些历史资料、学术资源中所蕴含的不仅是史实，而且包括了古代记录者、撰著者所依据的资料、分析、解读和观念。因此，中国现代藏学研究的发展，不仅需要参考、借鉴和吸收西学的成就，而且必须立足本土的传统，光大中国藏学研究的中国特色。

作为一门学问，藏学是一个综合性的学术研究领域，“西藏历史与现状综合研究项目”即是立足藏学研究综合性特点的国家社会科学基金重大特别委托项目。自 2009 年“西藏历史与现状综合研究项目”启动以来，中国社会科学院建立了项目领导小组，组成了专家委员会，制定了《“西藏历史与现状综合研究项目”管理办法》，采取发布年度课题指南和委托的方式，面向全国进行招标申报。几年来，根据年度发布的项目指南，通过专家初审、专家委员会评审的工作机制，逐年批准了一百多项课题，约占申报量的十分之一。这些项目的成果形式主要为学术专著、档案整理、文献翻译、研究报告、学术论文等类型。

承担这些课题的主持人，既包括长期从事藏学研究的知名学者，也包括致力于从事这方面研究的后生晚辈，他们的学科背景十分多样，包括历史学、政治学、经济学、民族学、人类学、宗教学、社会学、法学、语言学、生态学、心理学、医学、教育学、农学、地理学和国际关系研究等诸多学科，分布于全国 23 个省、自治区、直辖市的各类科学研究机构、高等院校。专家委员会在坚持以选题、论证等质量入选原则的基础上，对西藏自治区、青海、四川、甘肃、云南这些藏族聚居地区的学者和研究机构，给予了一定程度的支持。这些地区的科学研究机构、高等院校大都具有藏学研究的实体、团队，是研究西藏历史与现实的重要力量。

“西藏历史与现状综合研究项目”具有时空跨度大、内容覆盖广的特点。在历史研究方面，以断代、区域、专题为主，其中包括一些历史档案的整理，突出了古代西藏与中原地区的政治、经济和文化交流关系；在宗教研究方面，以藏传佛教的政教合一制度及其影响、寺规戒律与寺庙管理、僧人行止和社会责任为重点，突出了藏传佛教与构建和谐社会的关系；在现实研究方面，则涉及政治、经济、文化、社会和生态环境等诸多领域，突出了跨越式发展和长治久安的主题。

在平均海拔 4000 米的雪域高原，实现现代化的发展，是中国改革开放以来推进经济社会发展的重大难题之一，也是没有国际经验可资借鉴的中国实践，其开创性自不待言。同时，以西藏自治区现代化为主题的经济社会发展，不仅面对地理、气候、环境、经济基础、文化特点、社会结构等特殊性，而且面对境外达赖集团和西方一些所谓“援藏”势力制造的“西藏问题”。因此，这一项目的实施也必然包括针对这方面的研究选题。

所谓“西藏问题”是近代大英帝国侵略中国、图谋将西藏地区纳入其殖民统治而制造的一个历史伪案，流毒甚广。虽然在一个世纪之后，英国官方承认以往对中国西藏的政策是“时代错误”，但是西方国家纵容十四世达赖喇嘛四处游说这种“时代错误”的国际环境并未改变。作为“时代错误”的核心内容，即英国殖民势力图谋独占西藏地区，伪造了一个具有“现代国家”特征的“香格里拉”神话，使旧西藏的“人间天堂”印象在西方社会大行其道，并且作为历史参照物来指责1959年西藏地区的民主改革、诋毁新西藏日新月异的现实发展。以致从17世纪到20世纪上半叶，众多西方人（包括英国人）对旧西藏黑暗、愚昧、肮脏、落后、残酷的大量实地记录，在今天的西方社会舆论中变成讳莫如深的话题，进而造成广泛的“集体失忆”现象。

这种外部环境，始终是十四世达赖喇嘛及其集团势力炒作“西藏问题”和分裂中国的动力。自20世纪80年代末以来，随着苏联国家裂变的进程，达赖集团在西方势力的支持下展开了持续不断、无孔不入的分裂活动。达赖喇嘛以其政教合一的身份，一方面在国际社会中扮演“非暴力”的“和平使者”，另一方面则挑起中国西藏等地区的社会骚乱、街头暴力等分裂活动。2008年，达赖集团针对中国举办奥运会而组织的大规模破坏活动，在境外形成了抢夺奥运火炬、冲击中国大使馆的恶劣暴行，在境内制造了打、砸、烧、杀的严重罪行，其目的就是要使所谓“西藏问题”弄假成真。而一些西方国家对此视而不见，则大都出于“乐观其成”的“西化”“分化”中国的战略意图。其根本原因在于，中国的经济社会发展蒸蒸日上，西藏自治区的现代化进程不断加快，正在彰显中国特色社会主义制度的优越性，而西方世界不能接受中国特色社会主义取得成功，达赖喇嘛不能接受西藏地区彻底铲除政教合一封建农奴制度残存的历史影响。

在美国等西方国家的政治和社会舆论中，有关中国的议题不少，其中所谓“西藏问题”是重点之一。一些西方首脑和政要时不时以会见达赖喇嘛等方式，来表达他们对“西藏问题”的关注，显示其捍卫“人权”的高尚道义。其实，当“西藏问题”成为这些国家政党竞争、舆论炒作的工具性议题后，通过会见达赖喇嘛来向中国施加压力，已经成为西方政治作茧自缚的梦魇。实践证明，只要在事实上固守“时代错误”，所谓“西藏问题”的国际化只能导致搬石砸脚的后果。对中国而言，内因是变化的依据，外因是变化的条件这一哲学原理没有改变，推进“中国特色、西藏特点”现代化建设的时间表是由中国确定的，中国具备抵御任何外部势力破坏国家统一、民族团结、社会稳定的能力。从这个意义上说，本项目的实施不仅关注了国际事务中的涉藏斗争问题，而且尤其重视西藏经济社会跨越式发展和长治久安的议题。

在“西藏历史与现状综合研究项目”的实施进程中，贯彻中央第五次西藏工作座谈会的精神，落实国家和西藏自治区“十二五”规划的发展要求，是课题立项的重要指向。“中国特色、西藏特点”的发展战略，无论在理论上还是在实践中，都是一个现在进行时的过程。如何把西藏地区建设成为中国“重要的国家安全屏障、重要的生态安全屏障、重要的战略资源储备基地、重要的高原特色农产品基地、重要的中华民族特色文化保护地、重要的世界旅游目的地”，不仅需要脚踏实地地践行发展，而且需要科学研究的智力支持。在这方面，本项目设立了一系列相关的研究课题，诸如西藏跨越式发展目标评估，西藏民生改善的目标与政策，西藏基本公共服务及其管理能力，西藏特色经济发展与发展潜力，西藏交通运输业的发展与国内外贸易，西藏小城镇建设与发展，西藏人口较少民族及其跨越式发展等研究方向，分解出诸多的专题性研究课题。

注重和鼓励调查研究，是实施“西藏历史与现状综合研究项目”的基本原则。对西藏等地区经济社会发展的研究，涉面甚广，特别是涉及农村、牧区、城镇社区的研究，都需要开展深入的实地调查，课题指南强调实证、课题设计要求具体，也成为这类课题立项的基本条件。在这方面，我们设计了回访性的调查研究项目，即在20世纪五六十年代开展的藏区调查基础上，进行经济社会发展变迁的回访性调查，以展现半个多世纪以来这些微观社区的变化。这些现实性的课题，广泛地关注了经济社会的各个领域，其中包括人口、妇女、教育、就业、医疗、社会保障等民生改善问题，宗教信仰、语言文字、传统技艺、风俗习惯等文化传承问题，基础设施、资源开发、农牧业、旅游业、城镇化等经济发展问题，自然保护、退耕还林、退牧还草、生态移民等生态保护问题，等等。我们期望这些陆续付梓的成果，能够从不同侧面反映西藏等地区经济社会发展的面貌，反映藏族人民生活水平不断提高的现实，体现科学研究服务于实践需求的智力支持。

如前所述，藏学研究是中国学术领域的重要组成部分，也是中华民族伟大复兴在学术事业方面的重要支点之一。“西藏历史与现状综合研究项目”的实施涉及的学科众多，它虽然以西藏等藏族聚居地区为主要研究对象，但是从学科视野方面进一步扩展了藏学研究的空间，也扩大了从事藏学研究的学术力量。但是，这一项目的实施及其推出的学术成果，只是当代中国藏学研究发展的一个加油站，它在一定程度上反映了中国藏学研究综合发展的态势，进一步加强了藏学研究服务于“中国特色、西藏特点”的发展要求。但是，我们也必须看到，在全面建成小康社会和全面深化改革的进程中，西藏实现跨越式发展和长治久安，无论是理论预期还是实际过程，都面对着诸多具有长期性、复杂性、艰巨性特点的现实问题，其中包括来自国际层面和境外达赖集团的干扰。继续深化这些问题的研究，可谓任重道远。

在“西藏历史与现状综合研究项目”进入结项和出版阶段之际，我代表“西藏历史与现状综合研究项目”专家委员会，对全国哲学社会科学规划办公室、中国社会科学院及其项目领导小组几年来给予的关心、支持和指导致以崇高的敬意！对“西藏历史与现状综合研究项目”办公室在组织实施、协调联络、监督检查、鉴定验收等方面付出的努力表示衷心的感谢！同时，承担“西藏历史与现状综合研究项目”成果出版事务的社会科学文献出版社，在课题鉴定环节即介入了这项工作，为这套研究成果的出版付出了令人感佩的努力，向他们表示诚挚的谢意！

2013 年 12 月北京

目录

前　言

人口普查是当今世界各国广泛采用的科学方法，是提供全国基本人口数据的主要来源。普查对本国人口结构、人口素质及其变化进行综合调查，所形成的数据是我们分析一个国家、一个地区人口基本情况和动态变化的基础信息。

本书是对我国少数民族人口——西藏自治区藏族人口与经济社会发展较全面与完整的探索与研究，是一部展示西藏藏族人口现状、特点与未来发展趋势的专题研究成果，充分利用了2010年第六次全国人口普查数据，并参考了历次人口普查资料和相关文献资料，揭示了西藏藏族人口发展的规律、特点和趋势。

西藏和平解放60多年来，我国先后对西藏进行过六次人口普查，结果表明西藏已经成为我国人口增长最快的地区。西藏人口从1951年的100多万增长到2010年第六次全国人口普查的300.22万，与2000年第五次全国人口普查的261.63万相比，10年增加了38.58万，增长了14.75%，年均增长率为1.39%。在人口总量迅速增加的同时，西藏藏族人口也进入高速发展时期，人口数量迅速增加，人口素质不断提高，藏族人口比重一直占

90%以上，是西藏人口中人数最多的民族。在藏族人口规模不断扩大、人口结构不断优化的背景下，为进一步促进藏族人口发展、民族繁荣与经济社会协调可持续发展，本书认为人口—教育—经济社会协调发展是民族繁荣的关键，并以此为研究视角，分析了西藏和平解放后西藏藏族人口发展与民族繁荣的成就、问题、前景，预测了人口发展趋势，构建了人口发展战略。

本书共分为六章，对西藏人口的基本情况、藏族人口动态与政策、家庭结构变化、人口老龄化、人口流动迁移与城镇化发展以及人口发展战略与可持续发展等问题进行了总体分析和专题研究。在研究方法上，运用了指标体系分析、对比分析、趋势预测分析等方法，系统梳理了西藏藏族人口理论和现行人口政策，在理论政策与实践方面均有一定程度的创新和突破，在当前西藏全面建成小康社会的战略实施过程中具有重要的学术价值和现实意义，为拓宽相关政策设计开辟了新的思路，为即将面临的挑战提出了对策建议。

藏族人口的历史、现状、发展趋势是国内外各界普遍关注的问题，藏族人口数量的快速增加具有重大意义。通过充分开发利用人口普查资料，研究西藏人口的发展动态和主要特征，反映整个西藏经济社会的宏观发展面貌，宣传藏族人民在党中央领导下的发展与进步，使社会各界对西藏有更客观、更全面的认识，以增强民族团结和促进民族繁荣。

王　娜

2015 年 3 月于拉萨

第一章　西藏人口的基本情况

人口普查是当今世界各国广泛采用的科学方法，是提供国家基本人口数据的主要来源，普查对本国人口结构、人口素质及其变化进行综合调查，所形成的数据是我们分析一个国家、一个地区人口基本情况和动态变化的基础信息。通过分析全国第六次人口普查时西藏的人口普查数据，不仅为研究西藏人口的发展动态和主要特征提供了依据，更能反映整个西藏经济社会的宏观发展面貌。根据第六次全国人口普查，对西藏自治区人口规模、人口密度、民族人口构成、人口自然增长情况、性别年龄结构、家庭婚姻结构、城乡人口结构、教育结构、就业结构等进行分析，在宏观上把握西藏人口现状、特点及其变迁和走向。

一　西藏总人口和人口密度

西藏是一个以藏族人口为主体的多民族居住区，除藏族外，还有汉、蒙、回、门巴、珞巴、怒、独龙等共 50 个民族（含两个未识别民族，即僜人和夏尔巴人），占全国 56 个民族的 89.29%，并建有门巴、珞巴、纳西等民族自治乡。自西藏和平解放以来，我国先后进行过六次人口普查，结果表明藏族人口占西藏自治区人口总数的比例最高，藏族是西藏人口中人数最多的民族。2010年底全国第六次人口普查（以下简称“六普”）中，西藏全区常住人口为300.22万，其中藏族人口271.64万，占90.48%，汉族人口24.53万，占8.17%，其他少数民族人口4.05万，占1.35%[①]，藏族人口占九成以上，是西藏自治区的主体民族，藏族人口的主体地位丝毫没有改变（见图1-1）。

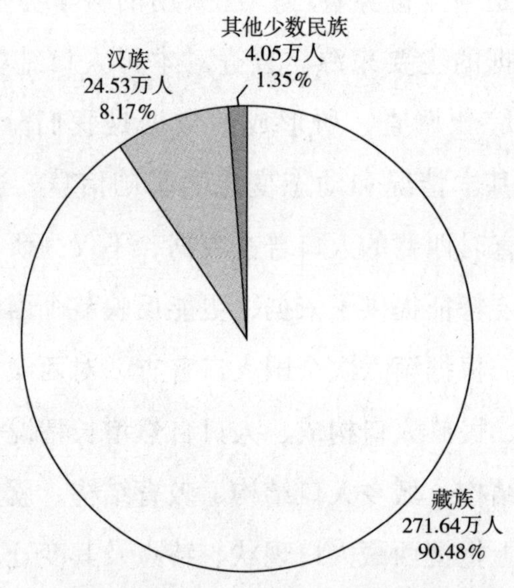

图1-1 “六普”西藏自治区常住人口民族构成

数据来源：西藏自治区第六次全国人口普查领导小组办公室等编《西藏自治区2010年人口普查资料》（第1册），中国统计出版社，2012，第68页。

① 西藏自治区第六次全国人口普查领导小组办公室等编《西藏自治区2010年人口普查资料》，中国统计出版社，2012，第68页。

藏族人口由2000年第五次全国人口普查（以下简称“五普”）的242.72万人增加到“六普”的271.64万人，10年间增加了28.92万人，增长了11.91%，年均增长1.13%，这一速度稍低于同期西藏人口年均增长1.39%的速度，其原因主要是受其他民族，尤其是汉族人口机械变动的影响。“六普”是以离开居住地一年以上的常住人口为标准，这样就使一部分家在内地，长年来西藏务工经商以及支援西藏建设的援藏干部等也成了西藏的常住人口，从而使汉族人口增长较快，如果扣除这一因素影响，藏族人口的增长速度还是高于汉族。

西藏自治区是中国人口最少、密度最小的省区。全区国土面积122万平方公里，人口密度仅为2.5人/平方公里，人口稀疏且在全区分布很不平衡，主要集中在中部、南部和东部，藏西阿里、藏北那曲地区人口稀少，羌塘草原北部被称为“无人区”。

西藏自治区是全国藏族居民最集中的地区，除藏族外，以世居西藏的门巴族、珞巴族、纳西族等少数民族人口所占比重较大，分别占西藏人口的0.32%、0.12%、0.04%。近年来西藏少数民族人口增长较快，已成为拥有50个民族成分的大家庭。各少数民族分布广泛、相互交错，形成“你中有我，我中有你”的格局，遍及全区7个地（市）。其中，除藏族以外，千人以上的少数民族共有8个，同“五普”相比，10年间藏族人口增长289221人，其他少数民族人口增长9923人。

二　西藏人口的自然增长情况

由于多种因素的制约，1951 年西藏和平解放以前，人口长期处于停滞状态，甚至有下降的趋势，增长极其缓慢。据有关资料记载，公元 1737 年，西藏人口以达赖、班禅辖区的户数约计为 96 万，若加上不属于达赖、班禅辖区的昌都地区和部分那曲地区，人口已过 100 万。西藏和平解放时地方政府上报人数近 100 万，后经 1952 年核实，总人口约 115 万。[①]

1952 年西藏刚和平解放，还没有进行民主改革，旧西藏地方政府依然存在，封建农奴制还没有废除，经济社会发展依然落后，人民生活水平仍然较低，因此人口增长数量不大、增速缓慢。1952～1959 年 7 年间，人口从 115 万增加到 122. 8 万，增长了 6. 78%，年均增加 1. 11 万人，年均增长 0. 94%。

西藏全区人口由 1952 年底的 115 万人增加到 2000 年的 261. 63 万人，48 年间共增加 146. 63 万，增长了 127. 50%，年均增加 3. 05 万人，年均增长 1. 73%，这一增长速度是新中国成立以前任何时期所没有过的。事实证明，优越的社会主义制度是促进西藏人口快速增长的重要原因。

2000～2010 年 10 年间，西藏人口共增加 38. 58 万人，增长了 14. 75%，年均增加 3. 86 万人，年均增长率达 1. 39%，比全国 0. 57% 的平均增长水平高出 0. 82 个百分点，与全国相比，

① 李坚尚：《西藏人口与西藏人权》，《西藏研究》1998 年第 1 期。

属于“高出生、高增长”地区，人口再生产模式也由“高出生、高死亡、低自然增长”向“高出生、低死亡、高自然增长”转变。西藏人口的发展具有重大意义。和平解放60多年来，西藏已成为我国人口增长最快的地区之一，比1951年噶厦政府上报的人数增加了2倍，结束了历史上人口长期停滞甚至下降的局面，实现了人口增长模式的历史性跨越，是西藏人口走向繁荣兴旺的标志。

三 西藏人口的性别结构

人口的性别结构是反映人口现状的重要方面，一般而言，男女性别比应该是平衡的，但西藏的性别比与全国相比具有独特的差异性，表现为西藏人口的性别比经历了较大幅度低于全国并逐步接近的过程。

（一）总人口性别比

西藏人口性别比独具特点，近年来总人口性别比由偏低趋于平衡。从历次人口普查看，1982年“三普”性别比仅为97.85，特别是西藏的藏族仅为97.40；1990年“四普”性别比向着正常状态发生了微小的变化，为100.16，但仍然偏低；2000年“五普”时性别比为102.67；2010年“六普”西藏常住人口中，男性154.27万人，占总人口的51.38%，女性145.95万人，占总人口的48.62%，性别比为105.70，比“五普”高出3.03个百分点（见表1-1），与“五普”全国性别比 106.74 相比偏低，与全国“六普”105.20 相近。[①] 西藏人口性别比提高的原因主要是受汉族外来人口机械增长的影响，西藏汉族人口性别比已达到 160.63，而西藏藏族人口性别比仅为 101.51，所以全区人口性别比是较平衡合理的。

表 1－1　历次人口普查西藏人口性别比

单位：万人，%

	总人口数			占总人口的比重		性别比（女＝100）
	合计	男	女	男	女	
“三普”	189.24	93.59	95.65	49.45	50.55	97.85
“四普”	219.60	109.89	109.71	50.05	49.95	100.16
“五普”	261.64	132.54	129.10	50.66	49.34	102.67
“六普”	300.22	154.27	145.95	51.38	48.62	105.70

数据来源：《2010 年西藏自治区第六次全国人口普查主要数据》，第 21 页。

（二）分年龄组人口性别比

从生物学的意义上讲，出生性别比是个常数，即在没有外部因素干预生育行为的条件下，出生性别比应该是稳定在 105 左右的常数，这一比例的正常范围是 103～107。[②] 西藏 0 岁组人口性别比经历了由偏低向正常的发展过程。“三普”时西藏全区 0 岁组人口性别比仅为 99.40；“四普”时全区为 100.30，藏族则仅为 99.90，性别比偏低；“五普”时全区为 102.55，“六

① 西藏自治区第六次全国人口普查领导小组办公室等编《2010 年西藏自治区第六次全国人口普查主要数据》，中国统计出版社，2011，第 21 页。

② 李建新：《中国人口结构问题》，社会科学文献出版社，2009，第 66 页。

普”时全区为106.50，藏族为106.12，0岁组性别比趋于正常。

正因为出生婴儿性别比高于100，即出生婴儿中男婴多于女婴，使得低年龄组人口性别比高于100，但由于男性的各年龄组别死亡率高于女性，因此随着年龄的增长，男女人口基本持平，到老年组，则由于女性寿命长于男性，整个年龄组人口性别比随年龄增长而呈下降趋势。西藏历次人口普查年龄性别比基本符合这一规律。从各年龄组性别比曲线图（见图1－2）可以看出，“六普”时西藏0～59岁人口的性别比均大于100且逐步下降，即这一年龄段男性人口多于女性，60岁及以上人口性别比小于100，即这一年龄段女性人口多于男性。值得说明的是，西藏性别比大于100的年龄组有后移的趋势，“三普”“四普”时是0～44岁，“五普”是0～54岁，“六普”后移到0～59岁，比“三普”“四普”后移了15岁，比“五普”后移了5岁，这说明西藏男性人口的寿命在逐步延长（见表1－2）。

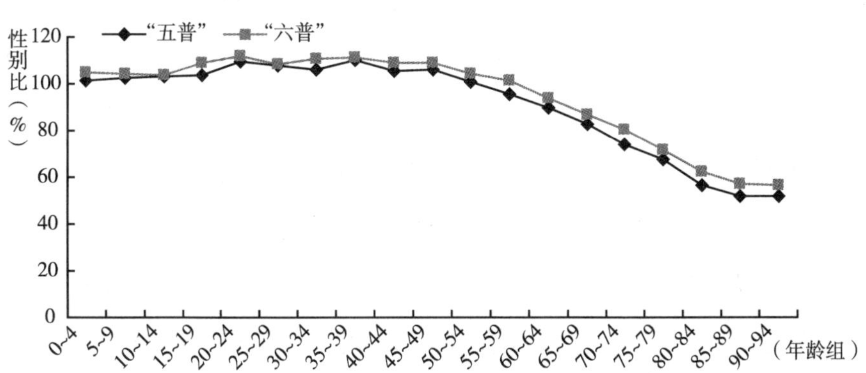

图1－2　“五普”“六普”西藏分年龄组人口性别比趋势

数据来源：西藏自治区第六次全国人口普查领导小组办公室等编《西藏自治区2010年人口普查资料》（第1册），第462页；西藏自治区人口普查办公室编《西藏自治区2000年人口普查资料》（第1册），第208页。

表 1-2 “五普”“六普”西藏各年龄组人口性别比

单位：%，女=100

年龄组	“五普”	“六普”	年龄组	“五普”	“六普”
0~4	101.37	105.14	50~54	100.95	104.21
5~9	102.76	104.16	55~59	95.82	101.22
10~14	103.03	103.63	60~64	89.64	93.59
15~19	103.50	109.03	65~69	82.67	86.61
20~24	109.61	111.88	70~74	74.20	80.59
25~29	107.92	108.43	75~79	67.55	71.58
30~34	106.27	110.44	80~84	56.50	62.18
35~39	110.15	111.18	85~89	51.56	56.89
40~44	105.45	109.01	90~94	51.80	56.39
45~49	106.15	108.93	合　计	102.67	105.70

数据来源：《西藏自治区2010年人口普查资料》（第1册），第461~463页；《西藏自治区2000年人口普查资料》（第1册），第206~209页。

（三）性别比的地区差异

在西藏7个地（市）中，“六普”时总人口性别比高于全区平均水平的有阿里、那曲、林芝、昌都、日喀则5个地区，低于全区平均水平的只有山南地区，拉萨市和全区水平相当（见表1-3）。其中，阿里地区最高，为109.06（“五普”时林芝地区最高，为106.50），比全区平均水平高出3.36个百分点，比最低的山南地区高出6.88个百分点。西藏人口性别比的地区差异并不具有一定的规律性，经济较发达和迁移人口（包括流动人口）占有较大比重的地区，性别比相对较高。[①] 阿里地区由于收入较高而吸引了较多的外来人口。值得注意的

① 西藏自治区人口普查办公室编《世纪之交的中国人口：西藏卷》，中国统计出版社，2005，第33页。

是，西藏与全国不同，藏族人的生育状态基本上是自然生育，性别偏好不强，因此性别比是基本持平的，导致人口性别比较高的地区主要是受外来人口机械增长的影响，如来西藏打工经商、援藏人员多为男性，使得性别比提高。

表 1－3　“六普”西藏各地（市）总人口性别比

单位：人，%　女＝100

地　区	合计			汉族			藏族		
	男	女	性别比	男	女	性别比	男	女	性别比
拉萨市	287437	271986	105.68	71513	49552	144.32	210120	218984	95.95
昌都地区	338097	319408	105.85	16651	9174	181.50	319120	308531	103.43
山南地区	166270	162720	102.18	12274	6119	200.59	152718	155690	98.09
日喀则地区	361611	341681	105.83	16844	8966	187.87	341466	330198	103.41
那曲地区	239023	223358	107.01	8568	4414	194.11	229096	218333	104.93
阿里地区	49802	45663	109.06	5327	2040	261.13	43988	43505	101.11
林芝地区	100412	94697	106.04	19981	13840	144.37	71847	72792	98.70
合　计	1542652	1459513	105.70	151158	94105	160.63	1368355	1348033	101.51

数据来源：《西藏自治区 2010 年人口普查资料》（第 1 册），第 2 页。

四　西藏人口的年龄结构

人口年龄结构也是反映人口现状的重要方面，在人口再生产中起重要作用，是判断人口变动趋势的主要依据。

（一）人口再生产类型

人口学家桑德巴依据 0～14 岁、15～49 岁、50 岁及以上年龄组人口的比重不同，将人口的年龄构成划分为增加型、稳定型和减少型，来确定人口的再生产类型。① 增加型人口低年龄人口比重大、出生率高、人口发展惯性大；稳定型人口处于平衡状态，人口既不增加也不减少；减少型则与增加型正好相反。“六普”全区总人口中，0～14 岁的人口为 731684 人，占总人口的 24.37%；15～49 岁的人口为 1825354 人，占总人口的 60.80%；50 岁及以上的人口为 445127 人，占总人口的 14.83%；同“五普”相比，0～14岁人口所占比重下降了 6.82 个百分点，50 岁及以上人口所占比重上升了 0.65 个百分点。从近三次人口普查看，0～14 岁人口比重逐步下降，15～49 岁人口比重逐步上升，50 岁及以上人口比重基本稳定，各项指标更接近于稳定型（见表 1－4）。

表 1－4　西藏人口年龄构成及人口再生产类型

单位：%

	桑德巴年龄结构类型			占总人口的比重		
	增加型	稳定型	减少型	1990 年	2000 年	2010 年
0～14 岁	40	26.50	20	35.60	31.19	24.37
15～49 岁	50	50.50	50	49.80	54.63	60.80
50 岁及以上	10	23.00	30	14.60	14.18	14.83

数据来源：根据西藏自治区 1990、2000、2010 年人口普查资料计算所得。

（二）人口年龄金字塔

根据“六普”西藏男女各年龄组人口构成比例绘制而成的“人口年龄金字塔”（见图 1－3）观察，底部 0～4 岁和 10～14

① 转引自黄荣清《年龄结构对人口增长的作用力度量——兼谈中国少数民族人口年龄结构》，《中国人口科学》1996 年第 2 期。

岁两个年龄组较接近而呈收缩状态，20～29岁年龄组最宽，说明20世纪80年代人口增长较快，从0～59岁几个年龄组看，塔身较宽，说明这几个年龄组人口数量较多，未来人口增长势头依然旺盛，也体现出西藏人口年龄结构较轻的特点。从人口年龄结构数据来看，全区常住人口中，0～14岁的人口占24.37%，15～64岁的人口占70.53%，65岁及以上的人口占5.09%，15～64岁的人口比重最大，也说明了西藏劳动力资源丰富，为经济发展提供了强大的动力，但同时就业压力也相对较大；尽管65岁及以上人口比重较“五普”提高了0.34个百分点，但提高的幅度并不算大，全区年龄结构是合理的。

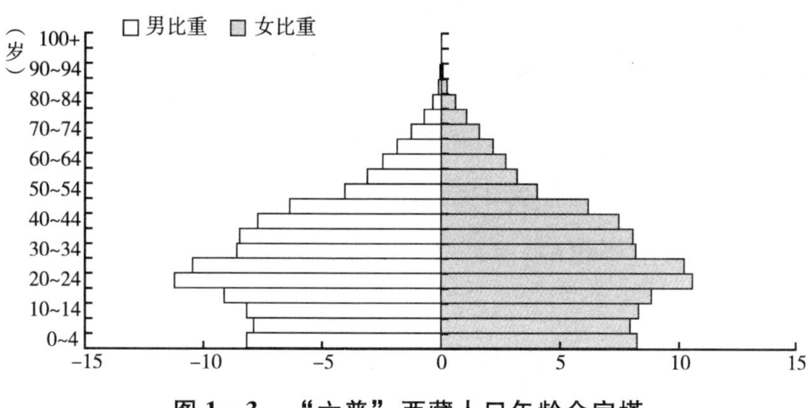

图1－3 “六普”西藏人口年龄金字塔

数据来源：《西藏自治区2010年人口普查资料》（第1册），第461～463页。

（三）老年人口

“六普”数据显示，西藏60岁及以上的老年人口230365人，占总人口比重的7.67%，比“五普”时增加了35542人，比重增加了0.22%；65岁及以上的老年人口152908人，占总人口比重的5.09%，比“五普”时增加了28626人，比重增加了0.34%（见表1-5）。无论是按照国内标准还是按照国际标准计算的老年人口系数（国内标准为60岁及以上老年人口比重达到10.00%、国际标准为65岁及以上老年人口比重达到7.00%，即为老年型社会），西藏老龄化并不明显，年龄结构较年轻。但近10年西藏60岁及以上老年人口年均增长率达到1.69%，65岁及以上老年人口年均增长率达到2.09%，与全区总人口年均增长率1.39%相比，老年人口增长速度快于总人口的增长速度。进入老年型社会后的一个显著特点就是老年人口负担加重，按国际标准计算，“五普”时，西藏老年抚养比为7.42%，“六普”下降到7.22%，下降了0.20个百分点；按国内标准计算的老年抚养比则由12.13%下降到11.29%，下降了0.84个百分点，老年抚养比并不高，这得益于西藏和平解放后在党中央和各级政府的关心和帮助下，西藏社会生产力的长足发展，人口死亡率的有效控制和人口出生率较高，15~64岁人口增长较快的缘故。

表1-5　“五普”“六普”西藏人口年龄构成及抚养比

单位：人，%

指标			“五普”	“六普”	“六普”较“五普”增减
国际标准	人口数	0~14岁	815972	731684	-84288
		15~64岁	1676075	2117573	441498
		65岁及以上	124282	152908	28626
	占总人口比重	0~14岁	31.19	24.37	-6.82
		15~64岁	64.06	70.53	6.47
		65岁及以上	4.75	5.09	0.34
	年龄构成指数	总抚养比	56.10	41.77	-14.33
		少儿抚养比	48.68	34.55	-14.13
		老年抚养比	7.42	7.22	-0.20

续表

指标			“五普”	“六普”	“六普”较“五普”增减
国内标准	人口数	0～14 岁	815972	731684	-84288
		15～59 岁	1605534	2040116	434582
		60 岁及以上	194823	230365	35542
	占总人口比重	0～14 岁	31.19	24.37	-6.82
		15～59 岁	61.37	67.95	6.58
		60 岁及以上	7.45	7.67	0.22
	年龄构成指数	总抚养比	62.96	47.16	-15.80
		少儿抚养比	50.82	35.86	-14.96
		老年抚养比	12.13	11.29	-0.84

数据来源：根据西藏自治区 2000、2010 年人口普查资料计算所得。

五 西藏人口的民族结构

“六普”数据显示，西藏已成为拥有 50 个民族成分的大家庭。在全区常住人口中，藏族和其他少数民族人口已达到 91.83%，其中，藏族人口占 90.48%，其他少数民族人口占 1.35%，汉族人口占 8.17%，同“五普”相比，10 年间藏族人口增加了 28.92 万人，其他少数民族人口增加了 0.99 万人。

（一）民族人口构成及增长

在西藏各少数民族中，以世居西藏的门巴族、珞巴族、纳西族等人口所占比重较大。“五普”西藏共有 46 个民族（含两个未识别民族），其中藏族人口 2427168 人，占总人口的

92.77%，汉族人口158570人，占总人口的6.06%，除藏、汉以外的其他44个少数民族共有30591人，占总人口的1.17%；“五普”中千人以上的少数民族只有回族、门巴族、珞巴族、纳西族和其他未识别民族（僜人和夏尔巴人）5个。与“五普”相比，“六普”西藏少数民族人口增长较快，10年间新增民族4个，增长到50个民族（含两个未识别民族），其中藏族人口2716388人，占总人口的90.48%，汉族人口245263人，占总人口的8.17%，其他48个少数民族共有40514人，占总人口的1.35%（见表1－6）。千人以上的少数民族增至8个（不含藏族）（见表1－7），千人以下百人以上的少数民族有13个，人口在100人以内的少数民族有26个。

表1－6　“六普”西藏民族人口构成状况

单位：人

民　族	人口数	比重	民　族	人口数	比重
汉族	245263	8.17	东乡族	757	0.03
蒙古族	307	0.01	纳西族	1133	0.04
回族	12630	0.42	柯尔克孜族	2678	0.09
藏族	2716388	90.48	土族	1068	0.04
维吾尔族	205	0.01	达斡尔族	5	—
苗族	416	0.01	仫佬族	2	—
彝族	396	0.01	羌族	94	—
壮族	173	—	布朗族	4	—
布依族	81	—	撒拉族	255	0.01
朝鲜族	26	—	毛南族	1	—
满族	718	0.02	仡佬族	27	—
侗族	179	—	锡伯族	6	—
瑶族	137	—	普米族	16	—

续表

民　族	人口数	比重	民　族	人口数	比重
白族	395	0.01	怒族	492	0.02
土家族	451	0.02	乌孜别克族	4	—
哈尼族	23	—	俄罗斯族	3	—
哈萨克族	2143	0.07	保安族	15	—
傣族	35	—	裕固族	4	—
黎族	26	—	京族	5	—
傈僳族	25	—	独龙族	37	—
佤族	43	—	门巴族	9663	0.32
畲族	8	—	珞巴族	3489	0.12
高山族	2	—	基诺族	1	—
拉祜族	4	—	其他未识别民族	2317	0.08
水族	14	—	外国人加入中国籍	1	—

数据来源：《西藏自治区2010年人口普查资料》（第1册），第68~107页。

表1-7　“六普”西藏千人以上民族人口构成

单位：人，%

民族	藏族	汉族	回族	门巴族	珞巴族	柯尔克孜族	哈萨克族	纳西族	土族	其他未识别民族
人数	2716388	245263	12630	9663	3489	2678	2143	1133	1068	2317
比重	90.48	8.17	0.42	0.32	0.12	0.09	0.07	0.04	0.04	0.08

数据来源：《西藏自治区2010年人口普查资料》（第1册），第68~107页。

（二）千人以上少数民族人口的地区分布

从各少数民族在各地（市）的分布看，西藏少数民族分布广泛，相互交错，形成“你中有我，我中有你”的格局，遍及全区7个地（市）。“六普”时西藏自治区除藏族外，千人以上的少数民族有8个，人口共35121人，占总人口的1.17%。其中，回族在少数民族中分布最广泛，全区绝大部分地（市）都有回族人口；哈萨克族、纳西族主要分布在昌都地区，占全区哈萨克族人口的67.34%，占全区纳西族人口的93.73%；柯尔克孜族主要集中在日喀则地区，占全区柯尔克孜族人口的99.66%；土族主要分布在拉萨市，占全区土族人口的63.01%；门巴族、珞巴族、僜人和夏尔巴人主要聚居在林芝地区，分别占到本民族人口的91.77%、93.92%和68.75%（见表1-8）。

表1-8　“六普”西藏千人以上民族人口地区分布

单位：人

	汉族	回族	藏族	哈萨克族	纳西族	柯尔克孜族	土族	门巴族	珞巴族	其他未识别民族
拉萨市	121065	6412	429104	143	38	2	673	99	23	5
昌都地区	25825	576	627651	1443	1062	0	71	8	11	14
山南地区	18393	1011	308408	2	3	4	51	670	164	1
日喀则地区	25810	1434	671664	250	3	2669	162	7	14	703
那曲地区	12982	1230	447429	276	2	2	17	6	0	1
阿里地区	7367	253	87493	0	3	0	10	5	0	0
林芝地区	33821	1714	144639	29	22	1	84	8868	3277	1593
合　计	245263	12630	2716388	2143	1133	2678	1068	9663	3489	2317

数据来源：《西藏自治区2010年人口普查资料》，第68~107页。

六　家庭、婚姻情况

家庭户是以家庭成员关系为主、居住一处共同生活的人组成的户。随着经济社会发展水平的不断提高，西藏家庭规模逐步缩小，以两代户为主，家庭规模小型化、家庭模式多样化、核心家庭占主体地位的变化趋势日益成为西藏家庭结构的重要特征。

（一）家庭户数和家庭规模

据“六普”数据显示，西藏全区常住人口中，共有家庭户670838户，家庭户人口数2837769人，平均家庭户规模为4.23人，比“五普”时的4.75人减少0.52人。从不同家庭户规模的比例看，“六普”西藏家庭户中一人户占14.70%，二人户占16.19%，三人户占16.22%，四人户占15.20%，五人户占11.34%，六人户占7.87%；而“五普”时，西藏家庭户中一人户占13.03%，二人户占11.35%，三人户占13.41%，四人户占14.69%，五人户占12.57%，六人户占9.80%（见表1－9）。“六普”较“五普”一人户、二人户、三人户和四人户分别增加1.67个、4.84个、2.81个、0.51个百分点，五人及以上户则不同程度的减少，表明西藏四人及以下规模家庭户在增加，而五人及以上规模的家庭户在减少，规模小、结构简单的小家庭在不断增加，其中1～4人规模的家庭成为主流。

表1－9　“五普”“六普”西藏不同规模家庭户所占比重

单位：%

	一人户	二人户	三人户	四人户	五人户	六人户	七人户	八人户	九人户	十人及以上
“五普”	13.03	11.35	13.41	14.69	12.57	9.80	8.03	6.12	4.32	6.69
“六普”	14.70	16.19	16.22	15.20	11.34	7.87	5.97	4.34	2.98	5.19
“六普”较“五普”增减	1.67	4.84	2.81	0.51	－1.23	－1.93	－2.06	－1.78	－1.34	－1.50

数据来源：《西藏自治区2010年人口普查资料》（第1册），第324～329页；《西藏自治区2000年人口普查资料》（第1册），第118～119页。

从家庭户的代际构成来看，“六普”西藏“一代户”和“三代户”所占比重分别为26.86%和21.79%，“四代及以上户”所占比重很低，仅为1.03%。与“五普”相比，“一代户”增加了4.9个百分点，仍以“二代户”比例最高，为50.33%，即有一半的家庭由一对夫妇与未婚子女或父母一方与子女组成（见表1-10）。

表1-10　“五普”“六普”西藏家庭户类别构成

单位：%

	一代户	二代户	三代户	四代户	五代及以上户
“五普”	21.96	51.75	25.00	1.28	0.01
“六普”	26.86	50.33	21.79	1.03	0

数据来源：《西藏自治区2010年人口普查资料》（第1册），第348~350页；《西藏自治区2000年人口普查资料》（第1册），第124~125页。

（二）家庭户规模的地区差异

与“五普”相比，“六普”各地（市）家庭户规模均有不同程度的下降，其中那曲地区降幅最大。从各地（市）户规模看，经济较发达地区户规模和结构逐步趋向简单化，核心家庭户占较大比重，如家庭户规模最小的是拉萨市，平均为3.19人/户，而经济欠发达地区家庭户类型仍以多代户或大规模户类型为主。除经济社会发展水平外，由于各地区自然条件、文化传统及习惯不同，其家庭户规模和户类型构成也存在差异（见表1-11）。在7地（市）中，昌都地区家庭户规模平均高达5.55人/户，比拉萨市高出2.36人/户，差距明显，其大家庭户规模与其传统婚姻习俗有关，高于全区平均水平的还有那曲地区、日喀则地区，这与当地经济以牧业为主有关。

表 1－11　“五普”“六普”西藏各地（市）家庭户规模

单位：人/户

	“五普”	“六普”	“六普”比“五普”下降
拉萨市	3.71	3.19	0.52
昌都地区	5.85	5.55	0.30
山南地区	4.16	3.60	0.56
日喀则地区	5.25	4.66	0.59
那曲地区	5.22	4.61	0.61
阿里地区	4.21	3.80	0.41
林芝地区	4.15	3.71	0.44
全　区	4.75	4.23	0.52

数据来源：《西藏自治区 2010 年人口普查资料》（第 1 册），第 2 ~ 5 页；《西藏自治区 2000 年人口普查资料》（第 1 册），第 5 ~ 9 页。

（三）家庭户规模的城乡差异

由于地理位置和生活环境的差异，城乡之间家庭户规模的差异较大。市、镇、乡平均家庭户规模依次增大，市镇家庭以 1 ~ 3 人为主，平均家庭户 3 人左右；乡村 3 ~ 5 人户居多，平均家庭户 5 人左右（见表 1－12、表 1－13）。“六普”市、镇、乡平均家庭户规模较“五普”均有不同程度下降，市镇家庭户规模的缩小，主要受生育观念和计划生育政策的影响，市镇计划生育率较农村高，出生人口得到有效控制，使家庭户规模日益缩小。

表 1－12　“五普”“六普”西藏市、镇、乡平均家庭户规模

单位：人/户

	全区	市	镇	乡
“五普”	4.75	2.83	3.26	5.40
“六普”	4.23	2.45	2.89	4.95

数据来源：《西藏自治区 2010 年人口普查资料》（第 3 册），第 1011 页；《西藏自治区 2000 年人口普查资料》（第 1 册），第 7～11 页。

表 1－13　“六普”西藏市、镇、乡不同规模家庭户比重

单位：%

家庭户规模	一人户	二人户	三人户	四人户	五人户	六人户	七人户	八人户	九人户	十人及以上
市	27.21	32.31	22.42	10.57	4.62	1.52	0.71	0.32	0.13	0.19
镇	24.47	24.79	21.71	13.83	7.41	3.29	1.92	1.09	0.63	0.86
乡	9.52	10.58	13.48	16.52	13.78	10.41	8.13	6.04	4.19	7.37

数据来源：《西藏自治区 2010 年人口普查资料》（第 1 册），第 330～347 页。

七　城乡人口情况

城镇化与工业化相伴而生，是农村人口向城镇转移，第二、第三产业向城镇聚集，农业社会向工业化、现代化变迁的过程。伴随社会分工、生产力发展和市场扩大，城镇化不仅推动了经济社会发展，同时也促进了人口的发展，提高了人口素质。西藏人口主要分布在农村，“六普”时全区城镇人口 68.06 万，占总人口的 22.67%；乡村人口 232.16 万，占总人口的 77.33%，与全国人口城镇化 49.68% 水平相比，差距极大，在西部 12 省区中亦处于末位，说明西藏在很大程度上还是乡村社会，城镇发育很不健全。

西藏人口城镇化率虽然很低，但从历次人口普查来看，与“三普”“四普”“五普”时的9.48%、11.52%、19.43%相比，近年城镇人口增长较快，比重逐年提高。在7地（市）中，人口城镇化比重最高的是拉萨市，为43.07%，超过全区平均水平的还有林芝地区和阿里地区，人口城镇化比重最低的是昌都地区，为12.97%。与“五普”比较，全区和各地（市）的城镇人口和比重都有较大幅度的增加，只有山南地区城镇人口“六普”比“五普”人数下降2.71万，比重下降9.27%（见表1－14）。

表1－14　“五普”“六普”西藏各地（市）城镇人口及比重

单位：万，%

	“六普”		“五普”		“六普”较“五普”增减	
	人数	比重	人数	比重	人数	比重
拉萨市	24.09	43.07	19.05	40.15	5.04	2.92
昌都地区	8.53	12.97	5.30	9.05	3.23	3.92
山南地区	7.20	21.87	9.91	31.14	－2.71	－9.27
日喀则地区	12.37	17.59	8.60	13.54	3.77	4.05
那曲地区	7.53	16.28	2.57	7.00	4.96	9.28
阿里地区	2.19	22.95	1.47	19.01	0.72	3.94
林芝地区	6.15	31.51	3.94	24.84	2.21	6.67
全　区	68.06	22.67	50.84	19.43	17.22	3.24

数据来源：根据西藏自治区2000、2010年人口普查资料计算所得。

八　人口受教育水平情况

（一）全区人口受教育情况

“六普”全区总人口中，接受小学及以上文化程度教育的人口为1780612人，比“五普”增加了691808人，增长了

63.54%，占6岁及以上人口的比重由“五普”时的47.12%上升到65.73%，各类受教育程度人口都有不同程度的增加，其中拥有大专及以上和初中文化程度的人数增加最多，分别增长了392.67%和132.47%（见表1－15）。

表1－15　“五普”“六普”西藏各类文化程度人口及其增长情况

单位：人，%

	合计	大专及以上	高中和中专	初中	小学	占6岁及以上人口比重
“五普”	1088804	33557	92848	165957	796442	47.12
“六普”	1780612	165324	131027	385793	1098468	65.73
“六普”较“五普”增加	691808	131767	38179	219836	302026	18.61
“六普”较“五普”增长	63.54	392.67	41.12	132.47	37.92	39.49

数据来源：《2010年西藏自治区第六次全国人口普查主要数据》，第47～50页。

由于各类受教育程度人口数量的增加，使全区每10万人口中拥有各类文化程度的人口均有不同程度的增加。据“六普”数据显示，全区每10万人中具有大专及以上文化程度的有5507人，具有高中和中专文化程度的有4364人，具有初中文化程度的有12850人，具有小学文化程度的有36589人，与“五普”相比，均有不同程度的提高。目前西藏劳动人口的平均受教育年限已达到8.1年，具有初中文化水平。西藏的教育事业取得的可喜成果，是多年来坚持优先发展教育，推进义务教育均衡发展，巩固提高义务教育、基本普及高中教育、大力发展职业教育，尤其是面向农村开展的职业教育的结果。目前，全区在全国率先实现学前至高中阶段15年免费教育，义务教育每年每个学生人均补助标准提高到2500元，力争“十二五”末新增劳动力人均受教育年限达到12年，主要劳动人口人均受教育年限达到10年（见表1－16）。

表1－16　每10万人口拥有各类文化程度人口及其增长情况

单位：人，%

	合计	大专及以上	高中和中专	初中	小学
“五普”	41616	1283	3549	6343	30441
“六普”	59310	5507	4364	12850	36589
“六普”较“五普”增加	17694	4224	815	6507	6148
“六普”较“五普”增长	42.52	329.23	22.96	102.59	20.20

数据来源：《2010年西藏自治区第六次全国人口普查主要数据》，第59～62页。

（二）人口受教育程度的地区差距

在西藏7地（市）中，“六普”各类受教育程度人口都较“五普”有不同程度的提高，小学及以上受教育程度人口占6岁及以上人口比重最高的是拉萨市，为80.42%，最低的是那曲地区，只有49.88%，最高与最低相差30.54个百分点，但与“五普”相比，差距有缩小的趋势（“五普”最高与最低相差48.19个百分点），说明全区基础教育普及程度在逐渐提高。各地（市）小学及以上受教育程度人口占6岁及以上人口比重超过全省平均水平的有：拉萨市80.42%、山南地区78.46%、林芝地区73.73%，日喀则地区略高于全区平均水平，为66.65%（见表1－17）。

表 1-17　西藏各地（市）受教育程度占 6 岁及以上人口比重

单位：%

地市别	"五普"					"六普"				
	合计	大专及以上	高中和中专	初中	小学	合计	大专及以上	高中和中专	初中	小学
拉萨市	69.87	4.24	9.38	15.61	40.64	80.42	13.23	9.47	21.10	36.62
昌都地区	34.5	0.56	2.23	4.27	27.44	55.30	2.74	2.36	10.28	39.92
山南地区	59.11	1.06	3.59	7.38	47.08	78.46	5.85	5.54	16.08	50.99
日喀则地区	47.05	0.58	2.44	4.62	39.41	66.65	4.11	3.79	14.87	43.88
那曲地区	21.68	0.56	1.95	3.14	16.03	49.88	3.47	2.78	8.38	35.25
阿里地区	33.63	1.50	4.38	5.55	22.20	56.07	7.42	5.22	10.89	32.54
林芝地区	61.18	2.32	5.49	11.22	42.15	73.73	9.26	6.49	16.93	41.05
全　区	47.12	1.45	4.02	7.18	34.47	65.73	6.11	4.84	14.26	40.52

数据来源：《西藏自治区 2010 年人口普查资料》，第 47～52 页。

九　就业人口情况

在人口分析中，通常用劳动年龄人口这一指标来反映一个国家或地区在特定时期（点）的劳动力资源状况。在我国，按照国家的法定劳动就业制度，劳动年龄人口是指 16～59 岁的男性人口和 16～54 岁的女性人口。劳动年龄人口是总人口的重要组成部分，尤其是就业人口，是生产力中最活跃的部分，是人口作为生产力的体现者。

（一）劳动力资源现状

"六普"西藏劳动年龄人口 194.06 万，其中，男性 103.74

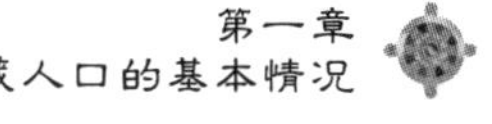

万人，女性 90.32 万人，与“五普”时的 150.67 万人相比，劳动年龄人口净增 43.39 万人，占总人口的比重也由 57.59% 上升为 64.64%，上升了 7.05 个百分点，增长了 28.80%，年均增长率为 2.56%，明显快于同期总人口年均 1.39% 的增长速度。这是由于 20 世纪 60 ~ 80 年代出生的人口相对较多，目前都处于劳动年龄阶段，而 90 年代人口出生率下降，出生的人口相对减少，使劳动年龄人口所占的比重上升较快。

（二）就业人口及比重

就业人口是指 16 周岁及以上从事一定的社会劳动或经营活动并取得劳动报酬或经营收入的人口。西藏自和平解放以来，随着人口的快速增长，就业人口也在不断壮大。据“六普”长表资料推算，西藏就业人口达 166.90 万，比“四普”的 110.89 万人增加 56.01 万人，比“五普”的 144.49 万人增加 22.40 万人，就业人口占总人口的比重也由“四普”的 50.50% 和“五普”的 55.20% 上升到 55.60%，在劳动年龄人口显著增加的同时，西藏就业人口及其比重亦显著提高。

（三）就业人口的三次产业构成

西藏三次产业（第一、第二、第三产业）的就业结构，“六普”分别为 74.9∶5.2∶19.8，“五普”分别为 79.6∶4.8∶15.6，就业人口高度集中在第一产业，农牧业人口明显偏高，对经济发展的贡献非常有限，也限制了农牧民收入水平的提高。与此同时，就业结构的滞后与产业结构大幅度调整优化形成鲜明对比，

2010年三次产业增加值占GDP的比重分别为13.50%、32.30%、54.20%，而就业结构升级缓慢导致二者严重偏离，一方面是产业结构的快速转换升级；另一方面却是大量劳动力滞留在农村，不能随第二、第三产业的发展而及时转移出去，这说明劳动力流动和在产业间转移就业还存在较大的阻碍（见表1－18）。

表1－18　“五普”“六普”西藏三次产业就业人口构成

单位：%

三次产业	“六普”	“五普”
第一产业	74.9	79.6
第二产业	5.2	4.8
第三产业	19.8	15.6

数据来源：根据“西藏自治区2000、2010年人口普查资料”计算所得。

劳动力受教育程度低，是导致西藏经济长期以传统农牧业为主、就业人口滞留在传统农牧业领域的主要原因。正是因为劳动力文化技能普遍偏低，使得即使有了新的就业机会，也不能适应新产业部门的技术需要而难于把握机会，没有条件转移到新的生产效率较高的产业部门去，只能从事简单劳动和自然资源的粗放开发，劳动生产率低，甚至边际效率接近于零。

总体上说，西藏就业结构的调整明显滞后于产业结构的转换。这一方面说明，在经济结构调整过程中，就业结构的滞后在第一产业表现最突出，劳动力转移缓慢；第二产业主要以劳动密集型企业为主，而资金、技术密集型企业发展较慢；第三产业就业人数偏少的结构没有得到根本改变，但吸纳劳动力的潜力较大。另一方面也说明劳动力自身技术素质的转变存在时间上的要求。因此，从产值结构来看，西藏应加快新型工业化进程，从就业结构来看，应加快城镇化进程，以城镇化拉动第三产业的需求，提高第三产业就业人口的比重。

第二章　藏族人口动态与政策分析

根据第六次全国人口普查，从藏族妇女生育率、藏族人口死亡率、人口自然增长率和人口再生产类型以及民族人口构成情况看，藏族人口增长较快，是西藏人口中人数最多的民族。近年来，西藏人口一直保持较快的增长速度，自然增长率在10‰左右，“六普”西藏常住人口为300.22万，与西藏和平解放初期的100万左右相比，人口增长2倍以上。在人口总量迅速增加的同时，当地藏族人口的数量也在不断地迅速增加，2010年藏族常住人口为271.64万。

人口再生产理论将世界各国的人口增长变化区分为高、中、低三种类型，并归纳出人口发展的三个阶段，即“高出生率、高死亡率、低自然增长率”的原始类型，“高出生率、低死亡率、高自然增长率”的传统类型和“低出生率、低死亡率、低自然增长率”的现代类型，客观地描述了生育水平下降的必然趋势和人口再生产模式转变的过程。历史地看，西藏藏族人口和平解放前长期处于徘徊状态，甚至在一些时期还出现负增长，处于人口发展的第一阶段。和平解放以后，藏族人口状况发生了巨大变化，实现了由原始型向传统型的历史性跨越，完成了第一阶段向第二阶段的转变，并逐渐向现代类型过渡，这一过程也显示出一些独特的民族性和地域性。

一 转变中的西藏人口及其特点

人口规模变化不仅反映人口转变的历程，同时还反映人口规模数字变化背后全方位的人口要素变化，包括人口增速及人口结构变化。和平解放前，西藏人口规模一直在100万左右徘徊，增长极其缓慢。1951年西藏和平解放，当时的西藏地方政府上报人口数为近100万，后经1952年核实总人口约115万。西藏和平解放和农奴制度的废除，特别是1965年西藏自治区人民政府成立以后，人口数据测量准确度越来越高，这也为人口兴旺发展提供了良好的条件。

（一）和平解放后西藏人口发展迅速

西藏全区人口由1952年底的115万人增加到“六普”的300.22万人，58年人口共增加185.22万，增长了161.06%，平均每年增加3.19万人，年均增长率达1.67%，这一增长速度是新中国成立以前任何时期都没有的；与“五普”（2000年）相比，到“六普”时（2010年），10年时间全区共增加38.58万人，年均增长率为1.39%，比全国年均增长率0.57%的平均水平高出0.82个百分点。事实证明，优越的社会主义制度是促进西藏人口快速增长的重要因素。同时，随着经济社会的快速发展，到西藏求职和创业的人也越来越多，这也是西藏常住人口增长快的原因之一。

（二）人口增长以藏族为主

藏族是西藏人口的主体，人口比重一直在90%以上，和平解放以来，藏族人口进入高速发展时期，其增长速度是相当快的。1964年第二次人口普查时，藏族人口占全区总人口的96.63%；1982年第三次人口普查时，藏族人口占94.40%；1990年第四次人口普查时，藏族人口占95.48%；2000年第五次人口普查时，藏族人口占92.77%；2010年第六次人口普查时，藏族人口占90.48%。这五次普查西藏自治区汉族人口比重分别为2.93%、4.85%、3.68%、6.06%、8.17%。[①] 全区藏族人口自2000年的242.72万增加到2010年的271.64万，10年间共增加了28.92万人，年均增长率为1.13%，较全国年均增长率0.57%高出0.56个百分点，稍低于同期西藏人口年均增长率1.39%的速度，其主要原因是受其他民族，尤其是汉族人口的机械变动的影响。从普查统计标准和口径看，“六普”以离开居住地一年以上的常住人口为标准，这样就使一部分家在内地、长年来西藏务工经商以及支援西藏建设的援藏干部等也成了西藏的常住人口，从而使汉族人口增长较快，如果扣除这一影响因素，藏族人口的增长速度还是高于汉族（见图2-1）。

---

① 西藏自治区第六次全国人口普查领导小组办公室、西藏自治区统计局编《2010年西藏自治区第六次全国人口普查主要数据》，中国统计出版社，2011，第17页。

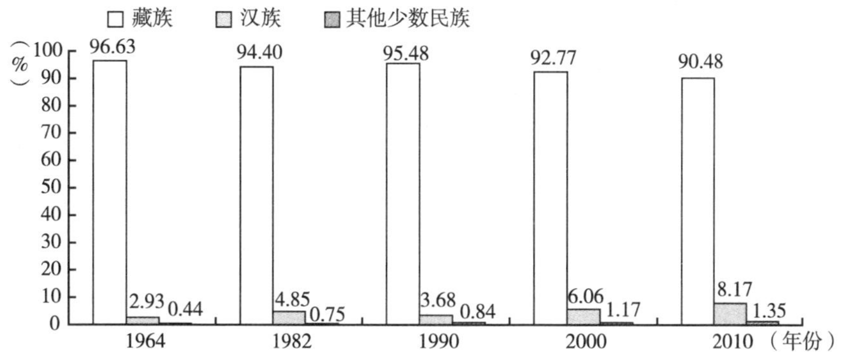

图 2－1 历次人口普查西藏藏族、汉族与其他少数民族人口比重

数据来源：《2010 年西藏自治区第六次全国人口普查主要数据》，第 17 页。

（三）人口增长模式向现代类型转变

旧西藏人口增长缓慢，人口再生产处于人口增长模式的原始类型阶段，具有“高出生、高死亡、低增长”的特征。西藏和平解放后，尤其是改革开放以来，经济社会发展速度加快，人民健康水平显著提高，人口死亡率逐年下降，人均寿命大幅度提高，尤其是随着妇幼保健、计划免疫工作的全面展开，孕产妇与婴幼儿死亡率显著下降，孕产妇死亡率由 1959 年的 5000/10 万人下降到目前的 174.78/10 万人，婴幼儿死亡率由和平解放前的 430‰下降到目前的 20.69‰，人均预期寿命从 35.5 岁提高到 68.17 岁。[①]“六普”全区出生率 15.23‰，死亡率 5.30‰，自然增长率 9.93‰，与全国相比，西藏属于“高

① 中华人民共和国国务院新闻办公室编《西藏和平解放 60 年》，人民出版社，2011，第 10 页。

出生、高增长”地区。从1965年到2010年人口自然变动来看，西藏人口再生产正在实现由“高出生、高死亡、低自然增长”，以及低人口素质的“低水平人口均衡”向“高出生、低死亡、高自然增长”以及较高人口素质的“高水平人口均衡”过渡，城镇人口则开始逐步向“低出生、低死亡、低自然增长”的现代类型转变。

二　藏族育龄妇女生育水平的转变

历史上，西藏藏族人口长期处于徘徊状态，甚至在一些时期呈现出负增长；和平解放后，为发展西藏人口，我国政府从和平解放初期到20世纪70年代初期采取了鼓励生育的政策，促使育龄妇女生育率不断上升，1989年西藏全区育龄妇女的总和生育率高达4.22，居全国各省区市之首，由此可以看出西藏妇女生育水平由低到高的历史性转变，并反映出人民生活水平的改善和妇女健康水平的提高。

（一）藏族妇女总和生育率的变化

为了客观地测定人口的生育水平，人口学家经过几代的艰苦努力，研究出一个重要指标——总和生育率。总和生育率与出生率不同，出生率是指某一时期（通常指一年）出生人数与平均人口之比，它反映了人口的出生水平，一般用千分比表示。而总和生育率（TFR）是育龄妇女（通常是15～49岁）在某一时期（如某一年）的分年龄生育率的总和，是假设妇女按照某一年的年龄别生育率度过育龄期，平均每个妇女在育龄期生育的孩子数，用来衡量平均每个妇女一生所生育的婴儿数。

西藏和平解放60多年来，藏族妇女生育水平发生了显著变化，总和生育率经历了先上升后下降的转变过程。

第一阶段是1951~1981年，西藏藏族妇女总和生育率逐渐提高。和平解放初期的1951~1958年，藏族妇女总和生育率一直徘徊在4.0以下，1951年和1954年甚至低至3.20左右，对处于自然生育状态来说，这一生育水平是非常低的。到1959年以后，总和生育率基本上升至4.0以上，1963年又升至5.0左右的高水平，到1989年仍然高达4.22。西藏藏族妇女生育水平的高低，主要受未育不育的影响。民主改革以前，一方面，由于大批男青年入寺为僧，导致平民阶层性别比严重失衡，大批处于婚育状态的妇女不能结婚生育。另一方面，由于生活条件简陋低下，家务繁重，医疗卫生条件落后，妇女即使生病也不能及时治疗，导致不育；还有，早婚、早育、多育与不育、少育并存，生育不均衡现象普遍，也不利于人口的健康发展。民主改革为藏族人口发展创造了前所未有的有利条件，妇女生育水平得到显著提高。

第二阶段是1982年至今，西藏全区育龄妇女总和生育率逐年下降。从1982年开始，全区育龄妇女的生育模式发生了显著变化，由20世纪80年代初的5.0以上降至2010年的1.05，其中1989以来下降尤为显著，总和生育率由4.22下降到1995年的2.97，进而又降至2000年的1.85，已降到人口更替生育水平（总和生育率 2.1）之下[①]，2010 年仅为 1.05。从胎次构成也可以看出 20 世纪 80 年代以来藏族妇女的生育水平在显著下降。1989 年西藏藏族 1～2 胎比率为 45.3%，低于全国藏族 53.50% 的水平，但 4 胎 11.90% 和 5 胎 28.30% 的比率却高于全国藏族 9.90% 和 21.00% 的水平；2010 年西藏藏族 1～2 胎比率迅速上升为 73.06%，三胎比率为 14.18%，4 胎、5 胎比率急剧下降为 6.53%、6.23%。

从市、镇、乡妇女总和生育率差异来看，差距在不断缩小。1989 年西藏市、镇妇女的总和生育率已降至 1.82 和 2.16，低于或接近更替水平，而乡则高达 4.57；2010 年市、镇、乡妇女总和生育率分别下降 0.54、0.97、1.15，虽然城乡总和生育率差异依然存在，但与 20 世纪 80 年代相比，差距在不断缩小，在城镇，特别是市的总和生育率偏低。这是由于近年来，西藏经济社会的发展和 20 世纪 90 年代中期以后，全区各级各部门贯彻落实自治区党委、政府《关于进一步加强计划生育工作的意见》精神，把人口与计划生育工作的重点转向农牧区，加强计划生育宣传教育和技术服务，广大农牧民生育观念和生育行为发生转变的结果。

（二）藏族妇女生育意愿发生显著变化

随着经济社会的快速发展、受教育程度的较大提高和交

---

① 何景熙、李艾琳：《西藏人口转变中的“人口红利”问题探讨——从人口发展态势看西藏的机遇与挑战》（上），《西藏研究》2006 年第 3 期。

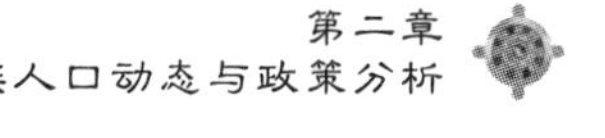

通、通信的日益畅通，农牧区妇女接受的信息越来越多，走出家门的机会也趋于频繁，受城市高效快节奏的生活方式和现代观念的影响，藏族育龄妇女的生育意愿发生了显著变化，生育意愿普遍下降。与此同时，医疗服务的发展也为计生工作奠定了基础。20 世纪 90 年代，全区计划生育服务覆盖半径和能够提供的避孕节育方法非常有限，目前，这一情况发生了很大改观，计划生育宣传、药品、技术服务已经深入绝大多数县、乡、村，可以说，这一长效机制与广覆盖的形成，为妇女生育意愿的变化提供了条件和保障。

从现实需求出发，藏族妇女对生育 1～2 个孩子的愿望上升，生育 5 个及更多个孩子的愿望下降，认为生育 3～4 个孩子较为理想，主要原因是对子女数量的需求更贴近实际需要。客观地说，藏族对子女性别没有特别的偏好，即使对男孩有偏好也不明显，这是由现实的经济发展状况决定的。西藏传统上以农牧业为主，牧民的生产生活是逐水草而居，农业生产是以家庭为单位的体力劳动，农牧兼营是常见的生产形式。这种以体力劳动为主的生产方式决定了男孩的优势明显大于女孩，偏好生男孩更多的是从现实需求出发，但对女孩并不存在性别歧视，这与汉族重男轻女的思想形成极大的反差。总的来说，随着经济社会的发展，妇女受教育水平的提高和多年来的计划生育教育宣传，藏族妇女的生育观念发生了很大变化，生育意愿普遍下降，这为推行计划生育政策减少了阻力，为提供更为优质的计生和妇幼保健服务奠定了基础。

（三）藏族妇女生育水平变动的原因分析

和平解放初期，西藏孕产妇死亡率高达500/万，婴儿死亡率达430‰，总人口死亡率为28‰，人口增长极其缓慢，从18世纪30年代的94万到和平解放时的100万左右，200余年人口生产几乎陷于停滞状态。据1982年在山南乃东和拉萨的调查，民主改革前绝育的70岁以上的老年妇女，终身生育率只有2.8胎，所生子女中，存活率只占50%弱。人口的身体素质尚且如此，文化素质更是可想而知。[①]

和平解放后，西藏妇女生育水平经历了先升后降的过程，这得益于我国政府为发展西藏人口，从和平解放初期到20世纪70年代初采取了鼓励生育的政策，西藏自治区政府于1985年才开始在藏区群众中开展了以妇幼保健为主的计划生育宣传与服务活动。根据民族政策，在藏族群众中开展计划生育必须遵守“坚持宣传教育、坚持群众自愿和坚持提供服务”三项原则，促使育龄妇女生育率不断上升[②]；但西藏妇女因生育过多、过密造成危害母婴身体健康、影响家庭生活质量等问题，广大妇女自愿避孕节育的要求越来越迫切，从减少疾病、增进健康、维护自身利益、提高社会地位、增加受教育机会以及追求家庭幸福等原因来看，西藏实行计划生育是符合藏族群众的根本利益的。

---

① 国庆：《从统计数据看40年西藏社会发展的巨变》，《西藏研究》1991年第2期。

② 西普：《西藏妇女与计划生育》，《民族团结》1995年第8期。

20 世纪 80 年代西藏生育率显著下降，与西藏经济社会的持续发展和医疗卫生条件的迅速改善，尤其是妇幼保健工作的开展促使婴儿死亡率急剧下降密切相关。民主改革以前，西藏妇女的高生育率是在高婴儿死亡率的条件下，为保证一定孩子成活率所做出的一种必要的选择，在生一个便能保证存活一个的情况下，妇女总和生育率的下降乃是必然趋势。[①] 21 世纪初，西藏婴儿死亡率和总人口死亡率实际上已经下降到接近全国平均水平，未来西藏人口生育率将会维持在与全国其他省区市同样的低水平上。

三　藏族人口死亡率的变化

西藏和平解放前的 200 多年里，人口基本处于停滞状态，其原因除当时的社会制度外，还在于大批男性劳动力出家为僧，妇女承担了大量的社会生产活动，繁重的劳动和贫穷的生活直接影响了她们的身心健康，加之缺医少药，婴幼儿死亡率很高，导致人口自然增长缓慢。

（一）藏族人口死亡率迅速下降

关于西藏藏族人口死亡率的相关资料十分缺乏，很难获得准确数据，但从仅有的数据资料来分析，也可以清晰地看出其

① 何景熙、李艾琳：《西藏人口转变中的“人口红利”问题探讨——从人口发展态势看西藏的机遇与挑战》（上），《西藏研究》2006 年第 3 期。

快速下降的趋势。

从人口死亡率来看，1951 年西藏人口死亡率高达 28.00‰，1981 年下降到 9.92‰，1990 年人口普查时，下降到 9.20‰，2000 年下降到 7.39‰，2010 年又进一步下降到 5.30‰。

从婴儿死亡率来看，婴儿死亡率是衡量一个国家和民族的居民健康水平和社会经济发展水平的重要指标，特别是反映妇幼保健工作水平的重要指标。西藏藏族育龄妇女的生育模式一直处于自然生育状态，而旧西藏婴儿死亡率高得惊人，这是由于西藏自然条件恶劣，高寒缺氧，藏族牧区妇女长期以来形成在帐篷外生小孩的习俗，尽管是狂风大雪，妇女也绝不能在帐篷里临盆，农区妇女则要在牛棚或羊栏里分娩，世俗偏见视生小孩是污秽之事，新生儿能够在帐篷外、羊圈里熬过三天三夜，必然是生存竞争中的强者。[①] 因此，提高婴儿存活率，才能实现人口繁荣兴旺。在全国人民支援和自治区政府的努力下，婴儿死亡率由 1951 年的 430.00‰ 下降到 1982 年的 200.00‰ 左右，继而降到 1989 年的 93.62‰、1994 年的 72.00‰，2000 年进一步下降到 56.01‰[②]，2010 年又下降到 13.71‰，取得了可喜的进步。

（二）藏族人口死亡率下降的原因分析

人口死亡率、平均寿命受多种因素的影响。

---

① 周星君：《旧风俗对西藏人口的影响》，《人口》1985 年第 2 期。

② 何景熙、李艾琳：《西藏人口转变中的“人口红利”问题探讨——从人口发展态势看西藏的机遇与挑战》（上），《西藏研究》2006 年第 3 期。

藏族人口世代居住在平均海拔4000米以上的高原，是世界平均海拔最高的地区，高原高寒缺氧，严酷恶劣的自然环境导致当地经济社会发展水平落后，居民生活水平低下，加之处于封建农奴制度之下，广大劳动人民受到残酷剥削，生活极其艰辛，挣扎在死亡边缘，严重威胁健康，人均预期寿命只有30多岁，孕产妇、婴儿死亡率高得惊人，人口死亡率也高达28.00‰，导致人口增长极其缓慢，几近停滞。

西藏自治区成立以来，特别是20世纪80年代以来，西藏的进步有目共睹，经济社会发展速度加快，人民生活水平显著提高，城镇家庭可支配收入和农牧民人均纯收入在增加，人口的健康水平和抗病能力在增强，各种有利于身体健康和素质提高的条件在逐步积聚，从而降低了死亡率，期望寿命由和平解放前的35.50岁提高到目前的68.17岁。

四　西藏人口发展与现行政策分析

自西藏和平解放以来，人口一直处于增长状态，且从1964年以来一直高于全国水平。人口增长方式在较短的时间内发生了快速转变，在较短的时间内死亡率迅速下降，出生率快速上升，人口自然增长速度加快。这一人口再生产类型与社会生产力相适应，是在经济社会发展尚不发达的条件下，随着医疗卫生事业的发展，死亡率大幅度下降，而传统的高出生率却没有与死亡率下降同步而进入“高出生、低死亡、高自然增长”的人口快速增长时期，是借助于与群众生育意愿相符的、对生育行为的诱导和干预，逐步实现向现代类型转变，形成稳定高速增长的人口发展态势。

（一）经济社会发展对人口再生产转型的决定作用

人口再生产类型是与经济社会发展水平相适应的，生育需求和生育水平受自然地理环境、社会经济发展水平的制约。恶劣的生存条件，较高的死亡率，低下的社会生产力，近乎原始的“二牛抬杠”生产方式，必然决定了藏族农牧民对生育数量的需求，加之藏族农牧民妇女受教育程度低，对计划生育政策和避孕节育技术的认知程度较低，因此，农牧区的藏族育龄妇女的生育水平还很高。人口再生产转型受出生率和死亡率变化的双重影响。和平解放后，特别是民主改革以后，西藏的医疗卫生事业有了很大的发展。从自治区到地、县、乡都建立了专门的医疗机构和防疫机构，同时注重发展藏医药事业，基本做到了县县有藏医院。2010 年末，西藏各级各类医疗卫生机构 1352 个，床位 8838 张，卫生技术人员 9983 人，以政府投入为主导，家庭账户、大病统筹和医疗救助相结合的农牧区医疗制度全面建立，以拉萨为中心、遍布城乡的医疗卫生网建立起来，实现了乡乡有卫生院、村村有卫生室。

（二）西藏现行生育政策与群众的生育意愿相符

从 20 世纪 70 年代末开始，中国普遍实行计划生育，提倡一对夫妇只生育一个孩子，但在西藏，中央政府对藏族和其他少数民族采取发展人口数量、提高人口素质的政策，故西藏人口出生率、自然增长率均高于全国平均水平。

西藏是以藏族为主的地区，中央政府给予西藏特殊的生育政策，尊重西藏的宗教信仰、风俗习惯，反对任何形式的强迫命令和处罚行为，只对在西藏工作的汉族干部、职工实行一对夫妇生育一个孩子的政策，对藏族干部、职工不做要求。从1984年起，西藏自治区政府在藏族干部、职工和城镇居民中提倡鼓励一对夫妇有间隔地生育两个孩子，但坚持自愿的原则，对农牧民没有实行计划生育，自愿选择生育数量。人口总量的增加，除得益于政府实行的特殊生育政策，还有赖于近几十年来西藏医疗卫生水平不断提高和各种社会保障体制的逐步健全。

西藏自治区政府目前实行的是“一、二、三”的生育政策。“一”是指对在西藏的汉族干部、职工实行一对夫妇只能生育一个孩子的政策（特殊情况可经批准生育二胎）；“二”是指在藏族干部、职工中，除特殊情况经批准可以生育第三胎外，一对夫妇只能生育两个孩子，间隔要满三年；“三”是指在农牧区提倡一对夫妇只生育三个孩子（最好不超过四个），间隔三年左右，但坚持自愿的原则，自愿选择生育数量，不做硬性规定和限制。应该说这一政策是比较符合西藏实际情况的，从目前多数群众的生育意愿来看，大多数农牧民群众认为生3~4个孩子较为理想，如果用内地的标准来衡量，西藏农牧民群众目前的生育意愿显然偏高，但与他们的过去相比，这已是巨大的进步。

（三）计划生育与妇幼保健工作紧密结合的工作机制

有学者在部分地区进行的生育意愿调查表明，大多数高胎生育并非妇女的本意，而是由于计划生育的硬件设施不配套，加之大多数农牧区妇女不懂或没有条件实施科学避孕，在怀孕后既无条件进行人工流产，而且人流也为佛教教义所不容，最终形成一种无序生育状态。在西藏那曲牧区，牧民有意识地将胎盘扔得远些，认为这样可以使再次怀孕的时间隔得更长些。正是由于医疗资源不足和缺乏相关知识，西藏农牧区妇女一般只能通过延长哺乳时间以拉大生育间隔，而很难自主地控制生育。有生育能力的妇女总是一个接一个地生下去，致使实际生育水平远远超过其生育需求。

计划生育工作以开展有计划、有节制的生育为目的，妇幼保健工作以关注母婴健康，提供母婴保健服务，提高母婴健康水平，控制和减少出生缺陷，全面提高出生人口素质为目的，因此，要控制育龄妇女密集生育、高龄生育，减少多胎率，就必须以降低孕产妇和婴儿死亡率为前提，这也是计生工作顺利开展的前提。妇幼保健工作与计生工作密切结合是为了改变传统落后的生育方式，使生育行为更加均衡、生育结构更加合理、生育方式更加科学，这两项工作相辅相成，缺一不可。目前，妇幼保健工作与计生工作二者的结合已取得了显著的成绩。

（四）宗教习俗对人口发展和计划生育工作的影响

藏族人普遍信仰藏传佛教，宗教习俗必然会影响人们的

生育观念，这种影响既有积极的一面，也有消极的一面。在藏传佛教的各教派中，由宗喀巴创始的格鲁派（黄教）在西藏的影响最为广泛。一方面，格鲁派要求僧俗分离，严禁僧人娶妻，这样，出家为僧的男子就脱离了人口再生产，造成人口的发展速度较低，对藏族人口起抑制作用。另一方面，佛教禁戒杀生，没有限制生育的观念，群众认为生多生少是天意，不能由自己选择，因此长期以来广大农牧区基本上处于自然生育状态。受藏传佛教影响，藏族的生育性别偏好不明显，藏传佛教有不杀生之说，生下女孩决不能溺弃；藏族人没有姓氏，只有名字，因此藏族人没有明显强烈的宗族观念，也不讲求传宗接代。藏族的人口发展有其特殊性和复杂性，对藏族的人口政策必须因地制宜、因时制宜，既要符合藏族人民对待生与死的传统认识，也要有利于藏族的长治久安和民族繁荣。

第三章　藏族人口家庭结构变动趋势分析

家庭是社会的细胞，家庭的结构、规模、婚姻形式的变化是社会变迁的微观反映。随着西藏经济社会的发展，家庭的规模、类型、结构和婚姻形式都在发生变化。传统藏族家庭聚族而居。改革开放，尤其是20世纪90年代以来，在城镇化、市场化、工业化进程加快的背景下，随着生活水平的提高和医疗卫生条件的改善以及家庭价值观的变化，藏族地区由传统的农牧业社会向现代农牧业和工业社会转变，家庭为了适应这种生产、生活方式的变化，也在发生着相应的变革。据2010年第六次全国人口普查数据显示，目前从总体来看，藏族核心家庭、直系家庭和单人家庭的基本结构仍将持续存在，而以二代核心家庭为主体、一代户居次、三代及四代以上户正在减少的家庭结构格局也正在形成，但城乡之间仍存在差异。

一　西藏家庭户数变化分析

家庭是人类生活的基本组织形式，在人类生活和社会发展方

面承担着重要职能。在认识家庭性质的基础上，还必须区分“家庭”和“户”两个概念。“家庭”是通过婚姻而结合起来的具有血缘或收养关系的生活单位，是一种由人口再生产关系所确定并由法律和习俗所规范的社会关系。“户”则是由生活在一起的个人所组成的社会经济单位，它并不一定同人口再生产过程发生关系，只要是共同享有同一产权住房和主要膳食的一群人都可以为户。

户又可以分为“家庭户”和“集体户”。“五普”资料显示，西藏集体户户数在总户数中占2.45%，“六普”集体户比重为2.71%，在“五普”“六普”两次普查中，集体户人口的比重，分别占总人口的3.42%、5.48%，虽然两次普查中集体户和集体户人口都有所变化，但不管变化大小，绝大多数人口仍在家庭户中生活，绝大多数的户都是家庭户，家庭户户数和家庭户人口数占总户数和总人口数的绝大部分。下面，我们采用家庭户的资料，具体分析家庭的规模变化特点和构成（见表3-1）。

表3-1 “五普”“六普”西藏家庭户、集体户变化情况

单位：户，%

	合计	家庭户		集体户	
		户数	比重	户数	比重
“五普”	544909	531571	97.55	13338	2.45
“六普”	689521	670838	97.29	18683	2.71
“六普”较“五普”增减	144612	139267	-0.26	5345	0.26

数据来源：《西藏自治区2010年人口普查资料》（第1册），第2页；《西藏自治区2000年人口普查资料》（第1册），第4页。

从户的静态构成观察，“六普”西藏总户数为68.95万，其中，家庭户为67.08万，集体户为1.87万，家庭户占总户数的97.29%。在家庭户中，城市家庭户为9.40万，镇家庭户为12.13万，乡村家庭户为45.56万，城镇家庭户占总户数的32.08%，乡村家庭户占67.92%。

家庭户的数目取决于总人口数的变动和家庭户均规模变动之间的对比关系。“六普”数据显示，西藏家庭户户数增长速度快于人口增长。2000~2010年，家庭户共增加了13.93万，增长了26.20%，同期全区总人数由261.63万增加到300.22万，增加了38.59万人，增长了14.75%。家庭户的增长速度超过总人口的增长速度，也从另一方面说明户均规模在缩小，“六普”统计较“五普”平均户规模减小0.52人。

从各地（市）家庭户占全区家庭户的比重变化来看，拉萨市和日喀则地区依然是西藏人口的主要聚居地，人口相对稠密，两地集中了全区44.57%的家庭户，“中稠西疏”的特点未发生根本改变。

二　西藏家庭户规模变化分析

家庭户规模取决于总户数与总人口数两个因素，它与总户数成反比，与总人口数成正比。在现实家庭规模的变动中，这两个因素同时起作用。

（一）家庭户规模的构成

从人口的静态构成观察，“六普”西藏常住人口为300.22万，其中，家庭户人口为283.78万，集体户人口为16.44万，家庭户人口占总人口的94.52%。在家庭户人口中，城市家庭户

人口为 23.01 万，镇家庭户人口为 35.05 万，乡村家庭户人口为 225.72 万，城镇家庭户人口占家庭户总人口的 20.46%，乡村家庭户占家庭户总人口的 79.54%（见表 3－2）。

表 3－2　“五普”“六普”西藏家庭户、集体户人口数变化情况

单位：人，%

	合计	家庭户		集体户	
		人口数	比重	人口数	比重
“五普”	2616329	2526981	96.58	89348	3.42
“六普”	3002165	2837769	94.52	164396	5.48
“六普”较“五普”增减	385836	310788	－2.06	75048	2.06

数据来源：《西藏自治区 2010 年人口普查资料》（第 1 册），第 2 页；《西藏自治区 2000 年人口普查资料》（第 1 册），第 4 页。

从户的平均规模观察，西藏的家庭户规模较大。从历年人口统计资料来看，1981～1993 年的 12 年间，西藏家庭户规模保持在 5 人左右，1990 年全区平均为 5.20 人，其中藏族户（占全区家庭户的 94.50%），平均规模达 5.31 人，而 7 人以上户则占全区藏族户的 31.00%；藏汉混合户的规模较小，平均仅为 4.71 人，藏族与其他少数民族混合户平均为 4.95 人，家庭户规模的大小与生育率的高低有关。[①] 进入 2000 年后，随着西藏经济社会的快速发展和人民生活水平的不断提高，家庭户的规模不断缩小，由“五普”的户均 4.75 人缩减到“六普”的户均 4.23 人，平均每个家庭户的人口减少了 0.52 人。分地区来看，户均规模最大的是昌都地区，为 5.55 人，最小的是拉萨市，为 3.19 人。家庭户规模的不断缩小

① 张天路：《西藏人口的过去、现状与前瞻》，《中国人口科学》1994 年第 2 期。

不仅是生育水平下降和其他社会、经济、文化等多种因素影响的结果，更是21世纪以后，西藏城镇居民住房条件和居住环境不断改善，生活水平、生活质量不断提高的结果。

（二）家庭户规模的城乡差异

“六普”西藏平均家庭户规模为4.23人，其中城市家庭户规模为2.45人，镇为2.89人，乡村为4.95人，市家庭户规模较全区低1.78人，镇较全区低1.34人，而农村则略高于全区平均水平，若将市、镇合在一起，城镇户均规模为2.70人，市镇和乡村户均规模相差2.25人，说明家庭户规模的城乡差异依然显著。但与“五普”西藏市、镇、乡家庭户规模2.83人、3.26人、5.40人相比，家庭规模普遍在缩小，乡村户规模的下降速度高于城镇。目前西藏户均规模与全国的发展趋势一样，近10年间，全国户均规模下降0.34人，西藏户均规模下降0.52人，下降速度高于全国平均水平。这说明随着人们的生育观念逐渐改变，家庭户规模逐年缩小，家庭户类型趋向核心化，乡村比城镇的变化更大，趋于核心化的进程正在加快（见表3-3）。

表3-3 “五普”“六普”西藏市镇乡家庭户平均规模对比

单位：人/户

	全区	市	镇	乡
“五普”	4.75	2.83	3.26	5.40
“六普”	4.23	2.45	2.89	4.95
“六普”较“五普”增减	-0.52	-0.38	-0.37	-0.45

数据来源：《西藏自治区2010年人口普查资料》（第1册），第7~11页；《西藏自治区2000年人口普查资料》（第3册），第1011页。

（三）家庭户规模的地区差异

随着经济社会的巨大变革，西藏家庭户均规模也随之发生变化，全区7地（市）家庭户均规模呈不同程度的缩小。从全区7地（市）的构成来看，家庭户均规模高于全区平均水平的有3个地区，分别是昌都地区、日喀则地区和那曲地区，其中昌都地区家庭户均规模最大，为5.55人。低于全区平均水平的有拉萨市、山南地区、阿里地区和林芝地区，其中拉萨市家庭户均人口规模最小，为3.19人（见表3－4）。其中下降幅度较大的是那曲地区，家庭户均规模减小0.61人，下降11.69%，而昌都地区变化则较小，仅减少0.30人，下降5.13%。

表3－4 “五普”“六普”西藏各地（市）家庭户平均规模及变化

单位：人/户，%

	户均人口规模		增减	增长率
	“六普”	“五普”		
拉萨市	3.19	3.71	－0.52	－12.91
昌都地区	5.55	5.85	－0.30	－5.13
山南地区	3.60	4.16	－0.56	－13.46
日喀则地区	4.66	5.25	－0.59	－11.24
那曲地区	4.61	5.22	－0.61	－11.69
阿里地区	3.80	4.21	－0.41	－9.74
林芝地区	3.71	4.15	－0.44	－10.60
合　计	4.23	4.75	－0.52	－10.94

数据来源：《西藏自治区2010年人口普查资料》（第1册），第2页；《西藏自治区2000年人口普查资料》（第1册），第4页。

依据表3－4中的数据，我们可以看出，由于地区间的自然环境和社会经济状况的差异以及人们生活习俗、宗教信仰、传统文化的差异，家庭户规模的大小各不相同，各地区间的家庭户规模存在着一定的差异。经济相对发达的地区家庭户规模较小，经济相对落后及人口较少民族聚居较多的地区家庭户规模较大。各地区家庭户规模的变化，反映出人口自然增长率和户数的增长变动对家庭规模的相关作用，同时也反映出人口政策执行情况和家庭结构变化对家庭规模的影响作用。

（四）家庭户规模的区位差异

在西部6省5区1市中，“五普”“六普”西藏的平均户规模均排在第十二位，户的规模最大。“五普”西藏户均规模高于西部平均水平1.18人，高于排在第一位的重庆市1.52人；“六普”高于西部平均水平0.98人，高于重庆市1.46人。

西藏平均户规模远远高出全国平均水平，居于全国之最。“六普”全国平均家庭户规模为3.10人，其中，城市、镇、乡村家庭户规模分别为2.71人、3.08人、3.34人，西藏总体高出全国平均水平1.13人（其中城市2.45人，镇2.89人，乡村4.95人，全区家庭户规模平均4.23人），城市低于全国平均水平0.26人，镇低于全国平均水平0.19人，乡村高出全国平均水平1.61人。

（五）不同规模家庭户的构成

根据“六普”资料观察，西藏家庭规模以三人户比重最高，占总户数的16.22%；二人户占16.19%、四人户占15.20%、一人户占14.70%、五人户占11.34%、六人户占

7.87%、七人至十人及以上户占 18.39%，可见小户型家庭已占大多数（见表 3－5）。

表 3－5 “五普”“六普”西藏家庭户规模类型及占总户数的比重

单位：万户，%

		“五普”	“六普”	“六普”较“五普”增减
一人户	户 数	6.93	9.86	2.93
	比 重	13.03	14.70	1.67
二人户	户 数	6.03	10.86	4.83
	比 重	11.35	16.19	4.84
三人户	户 数	7.13	10.88	3.75
	比 重	13.41	16.22	2.81
四人户	户 数	7.81	10.19	2.38
	比 重	14.69	15.20	0.51
五人户	户 数	6.68	7.61	0.93
	比 重	12.57	11.34	－1.23
六人户	户 数	5.21	5.28	0.07
	比 重	9.80	7.87	－1.93
七人及以上户	户 数	13.78	12.40	－1.38
	比 重	25.16	18.39	－6.77

数据来源：《西藏自治区 2010 年人口普查资料》（第 1 册），第 324～328 页；《西藏自治区 2000 年人口普查资料》（第 1 册），第 118～119 页。

“三人户”依然是西藏家庭户主要类型。“三人户”家庭“六普”与“五普”相比，所占比重上升了 2.81 个百分点，在所有家庭户中比重最高（除七人及以上户），达 16.22%；其次是“二人户”，所占比重较“五普”上升了 4.84 个百分点；“四人户”家庭所占比重仍居第三，比“五普”只上升了 0.51 个百分点。“五人户”及以上家庭所占比重各地均呈下降趋势。“五人户、六人户”大户型在山南地区、那曲地区和阿里地区相对较为集中。“七人及以上户”较多分布在昌都地区。

以上分析表明，“三人户”的核心家庭稳中有升，“二人户”或“一人户”的夫妻、单身家庭增速很快，“四人及以上”的主干、联合、直系家庭户比重不断下降。家庭结构的变化由“五普”的“中小型家庭为主，大家庭逐渐减少”逐渐变化为“六普”的“小型家庭增幅加快，大家庭持续减少、家庭结构日趋简单，类型多元化”。西藏农牧区家庭结构也呈现了逐步“小型化”的特点，说明在党的民族政策和计划生育政策长期引导下，“多子多福”的大家庭观念逐步向“优生优育”的现代小家庭观念转变。

三　西藏家庭户类型分析

家庭是人们最基本的生活单位，更确切地说，人们最基本的生活单位是“家”，是指夫妻及其未婚子女所形成的集团，这在欧美现代社会被称为“核心家庭”。美国社会学家默多克于1949年首先提出一套划分家庭类型的概念，包括三个类型：（1）核心家庭，就是只有父母与未婚子女共同居住和生活；（2）主干家庭，就是父母（或一方）与一对已婚子女共同居住生活；（3）联合家庭，指父母（或一方）与多对已婚子女共同居住生活，包括子女已成家却不分家。主干家庭和联合家庭又合称扩展家庭，也就是“扩大了的家庭”，这些过去统称作“大家庭”。意思是，“家”是在核心家庭基础上扩大的团体，有些还可以包括其他社会关系的成员，是中国人经营共同生活的最基本的社会团体。[①]

① 费孝通：《论中国家庭结构的变动》，《天津社会科学》1982年6月30日。

家庭类型与家庭规模既相互联系，又相互制约。家庭类型在一定程度上决定了户数和家庭规模的变化。

（一）西藏家庭结构类型的分布

从家庭结构来看，社会学家费孝通在谈到社会结构时说："所谓结构，所谓体系，就是指各分子的存在依赖着别分子的存在。它们各自据有一定的地位，互相关联，互相维持。社会有结构，因为各个人的生活是互相依赖，所有的行为是须和别人的行为相配合的。"① 由此可见，从某种意义上来说，结构就是关系，研究社会结构着重研究的是社会关系，那么，家庭结构就是要研究家庭成员的构成及成员之间的关系。

一般来说，随着社会的发展，家庭也日益由联合家庭、主干家庭向核心家庭转化。这是由于家庭共同生产的功能逐渐下降，大家庭中存在人际关系不易协调等原因，当然随着住房的增加、社会流动迁移的加快等，也使家庭结构逐渐向核心家庭转化。

随着经济社会发展水平的不断提高，西藏家庭规模小型化、家庭模式多样化、核心家庭占主体地位的变动趋势日益成为西藏家庭结构的重要特征。

按家庭代际关系来划分家庭结构，1990 年西藏藏族家庭户类型，以两代户比例最高，达 46.20%，其次为三代户，占 18.50%，而单身户比重也相当高，达 7.60%，这与藏族终身不婚比率较高有关。另外一个重要特点是，非亲属组成的家庭

---

① 费孝通：《乡土中国　生育制度》，北京大学出版社，2003，第 215 页。

户多达4.49万之多，占全部藏族户的11.8%，明显高于其他省、区、市的其他民族。[①] 近10年来，西藏以两代户占绝对比重的家庭结构依然没有改变，“五普”和“六普”西藏两代户比重分别占51.75%和50.33%，其次是一代户，所占比重分别为21.96%和26.86%，再次为三代户，所占比重分别为25.00%和21.79%，四代户及其以上占家庭总数的比重最低，仅为1.29%和1.03%（见表3－6）。

表3－6　“五普”“六普”西藏家庭户类型变化构成

单位：万户，%

年　份	一代户		二代户		三代户		四代及以上户	
	户数	比重	户数	比重	户数	比重	户数	比重
“五普”	11.67	21.96	27.51	51.75	13.29	25.00	0.6859	1.29
“六普”	18.02	26.86	33.76	50.33	14.61	21.79	0.6910	1.03
“六普”较“五普”增减	6.35	4.90	6.25	－1.42	1.32	－3.21	0.051	－0.26

资料来源：《西藏自治区2010年人口普查资料》（第1册），第348～350页；《西藏自治区2000年人口普查资料》（第1册），第124～125页。

（二）西藏家庭类型的变动特点

从已有的资料可以看出，目前西藏家庭结构的变动特征体现在：（1）一代户，即单身户、一对夫妻家庭和其他户比重明显上升。与“五普”相比，一代户比重上升了4.90个百分点，

① 国务院人口普查办公室、西藏自治区人口普查办公室编《当代中国西藏人口》，中国藏学出版社，1992，第127页。

这是近 10 年来西藏家庭结构变动的最显著特征，也充分表明，随着人口出生率下降、家庭户规模不断缩小，以及住房条件的改善和家庭观念的转变，越来越多的大家庭“裂变”为小家庭，未婚男女的独立意识也越来越强。其中单身家庭即一人户家庭的比重为 14.70%，较“五普”增加了 2.93 万户，上升了 1.67 个百分点，造成单身户增多的主要原因是未婚和丧偶。这种现象无论从生育、抚养或家庭生活的角度上来讲，都不大符合家庭的基本规律，但单身家庭一直存在，未来也会继续存在。单身家庭不能起到家庭作为社会细胞的职能，因而要重视单身家庭数量的变化，防止相应的社会问题产生。（2）二代户，即核心家庭、隔代家庭、两代联合家庭所占比重下降了，但仍占主导地位。（3）三代户，即三代直系家庭、三代联合家庭所占比重缩减了 3.21 个百分点，下降幅度最大，与一代户形成此消彼长的关系。按“五普”统计来排序，首先是二代户比重最大，其次是三代户，再次是一代户，最后是四代及以上户；“六普”家庭结构的关系演变为，二代户比重最大，其次是一代户，再次是三代户，最后是四代及以上户。“五普”二代户和三代户比重之和达 76.75%，居于主导地位；“六普”一代户和二代户比重之和达到 77.19%，跃居主导地位，说明与过去普遍存在“几代同堂”的家庭模式不同，如今有近八成为“一代户”和“二代户”。（4）四代及以上户所占比重最小，变化也较小。可以看出，2000 年以来，西藏家庭户的代际构成在逐步发生变化，二代户居于绝对主导地位，与此同时，一代户的家庭越来越多，三、四代户的家庭越来越少。

（三）家庭类型的城乡差异明显

从“六普”西藏市、镇、乡家庭结构类型可以看出，市、镇以一代、二代户为主，乡则以二代、三代户为主，城乡差异在一代户中表现得最为突出，二者相差达40.55个百分点（见表3－7）。对照“五普”西藏市、镇、乡家庭类型百分比分布表，家庭结构变动的城乡差异更为显著（见表3－8）。

表3－7　“六普”西藏市、镇、乡家庭户类型百分比分布

单位：%

家庭户类型	全区	市	镇	乡
一代户	26.86	56.76	43.70	16.21
二代户	50.33	37.05	46.22	54.16
三代户	21.79	6.07	9.80	28.22
四代及以上户	1.03	0.12	0.28	1.42

资料来源：《西藏自治区2010年人口普查资料》（第1册），第348～362页。

表3－8　“五普”西藏市、镇、乡家庭户类型百分比分布

单位：%

家庭户类型	全区	市	镇	乡
一代户	21.96	44.30	38.28	14.70
二代户	51.75	47.71	48.32	53.17
三代户	25.00	7.75	12.98	30.48
四代及以上户	1.29	0.25	0.42	1.65

资料来源：《西藏自治区2000年人口普查资料》（第3册），第1078～1079页。

第一，一代户的比重在城市由“五普”的44.30%上升到“六普”的56.76%，上升了12.46个百分点；镇由38.28%上升到43.70%，上升了5.42个百分点；乡一代户的比重由“五普”的14.70%上升为16.21%，仅上升了1.51个百分点。城市一代户比重最高，其次是镇一代户的比重，乡一代户比重最低。

第二，二代户的比重在城市由“五普”的47.71%下降到“六普”的37.05%，下降了10.66个百分点；镇由48.32%下降到46.22%，下降了2.10个百分点；乡由53.17%上升到54.16%，上升了0.99个百分点。其中城市和镇所占比重在下降，但乡二代户比重上升了。

第三，三代户的比重在城市由“五普”的7.75%下降到“六普”的6.07%，下降了1.68个百分点；镇由12.98%下降到9.80%，下降了3.18个百分点；乡由30.48%下降到28.22%，下降了2.26个百分点。市、镇、乡三代户的比重都有下降趋势，其中镇下降幅度最大。

第四，四代及以上户的比重，在城市由“五普”的0.25%下降到“六普”的0.12%，下降了0.13个百分点；镇由0.42%下降到0.28%，下降了0.14个百分点；乡由1.65%下降到1.42%，下降了0.23个百分点。

家庭户类型城乡差异的根本原因是由经济社会发展水平的不平衡造成的。城市经济发展水平高于农村，从而造成城乡之间不同的生活方式和生活观念，导致家庭结构的差异。当然，城乡家庭户类型的差异随着西藏经济社会跨越式发展、城镇化和人口迁移的影响而趋于逐渐缩小的态势，这一变动过程是渐进的、平稳的，与社会经济发展水平密切相关。

综上所述，以西藏“六普”资料为依据，并通过对“五普”和全国其他省区之间的比较，我们可以看出，西藏7个地（市）家庭规模呈现出明显的下降趋势。家庭规模的逐渐缩小，固然与经济快速发展、生活水平提高所导致的人口生育观念的转变有直接关系，此外还涉及文化、社会保障等其他方面的原因。可以说，多种因素综合的结果使西藏小户型家庭成为主体。

四　西藏家庭的婚姻状况分析

改革开放以来，西藏经济结构和社会面貌发生了很大的改变，人们的婚姻形式也发生了较大的变化，以“六普”10%户抽样长表调查数据为依据，对藏族婚姻状况进行分析，可以发现10年来人口婚姻状况变化的特点和趋势。

婚姻是家庭的基础，是家庭和人口再生产的关键性要素，绝大部分成年人都处于一定的婚姻状态下。国家人口调查制度中，考察婚姻状况的年龄界限为15岁及以上人口，反映婚姻状况的指标为“未婚”“有配偶”“离婚”和“丧偶”四类。据“六普”10%户抽样长表调查资料推算，全区藏族常住人口中，15岁及以上人口总数为200.97万，其中未婚人口为70.92万，有配偶人口为110.39万，离婚人口为4.86万，丧偶人数为14.80万，分别占15岁及以上人口的35.29%、54.93%、2.42%和7.36%（见表3-9）。

表 3 - 9 “五普”“六普”西藏藏族 15 岁及以上人口的婚姻状况

单位：人，%

	15 岁及以上人口	未婚		有配偶		离婚		丧偶	
		人数	比重	人数	比重	人数	比重	人数	比重
“五普”	1635871	579186	35.41	891809	54.52	43531	2.66	121346	7.42
“六普”	2009734	709225	35.29	1103901	54.93	48635	2.42	147973	7.36

数据来源：根据“西藏自治区 2000、2010 年人口普查资料”计算所得。

（一）未婚人口比重的下降

未婚人口是指从未结过婚的人。据“六普”长表资料推算，藏族 15 岁及以上未婚人口为 70.92 万人，所占比重为 35.29%，比“五普”下降了 0.12 个百分点，未婚人口比重的下降，主要是由于 15 岁及以上人口中，未达到法定婚龄的人口比重下降。从性别比来看，男性未婚人口为 38.51 万，占未婚人口的 54.30%，占男性 15 岁及以上人口的 38.20%；女性未婚人口为 32.41 万，占未婚人口的 45.70%，占女性 15 岁及以上人口的 32.36%。说明男性未婚人口高于女性。

（二）有配偶人口比重上升

有配偶人口也称为在婚人口。据“六普”长表资料推算，藏族有配偶人口 110.39 万，占 15 岁及以上人口的 54.93%，居于绝对比重且有日益增高的趋势。与“五普”相比，有配偶人口增加了 21.21 万，比重上升了 0.41%。其中，男性在婚人口为 54.45 万人，占男性 15 岁及以上人口的

54.02%，女性在婚人口为55.94万，占女性15岁及以上人口的55.85%。

（三）离婚人口比重下降

离婚是指夫妻双方通过协议或诉讼的方式解除婚姻关系，终止夫妻间权利和义务的法律行为，且在普查时没有再婚的人口。据“六普”长表资料推算，藏族共有离婚人口4.86万，占15岁及以上人口的2.42%。与“五普”相比，增加了5104人，比重下降了0.24%。从离婚人口的性别看，女性离婚比重高于男性，男性离婚人口为1.45万，女性离婚人口为3.41万，男性仅占离婚人口的29.87%，女性则占70.13%，女性离婚人口比男性多1.96万。

（四）丧偶人口比重下降

丧偶是指配偶死亡而尚未嫁娶的人口。据“六普”长表资料推算，藏族丧偶人口为14.80万，占15岁及以上人口的7.36%。与“五普”相比，增加了2.66万人，比重下降了0.06%。其中，男性丧偶人口为4.74万，女性丧偶人口为10.06万，男性仅占丧偶人口的32.03%，女性则占67.97%，女性丧偶人口比男性多5.32万。女性丧偶，尤其是女性老年人丧偶，是老年人口中的双重弱势群体。由于女性的平均预期寿命普遍高于男性，因此女性丧偶比例也高于男性。与男性相比，女性的社会地位和家庭地位均较低，文化程度不高、经济收入少，对子女和配偶的依赖性较大，是最容易陷入贫困的高

风险人群。一旦女性老年人丧失配偶，其经济收入、生活照顾、精神慰藉方面的问题将更加突出，是迫切需要政府和相关部门关注的群体之一。因此，把女性丧偶老年人的经济保障纳入制度层面上来，加强其养老保障制度建设，是解决老年人养老问题的重要举措。

西藏家庭结构的变动表明，小型化、核心化家庭的局面正在形成，“六普”数据揭示的新变化正在于此，核心家庭迅速上升，单人家庭继续增加，家庭结构的小型化在继续。核心家庭日益增多，直系家庭和联合家庭逐渐减少，给一向依靠家庭赡养老人的方式提出了新问题。

在社会变革和文化变迁的潮流中，父母和已婚子女彼此经济自立是对直系家庭和复合家庭最主要的瓦解力量。人口迁移流动的加剧也导致家庭成员的地域分割，在受教育程度较高的群体中影响更大，受教育水平越高，迁移率越高，在城镇居民中更为突出。藏族家庭结构的这一转型不一定会导致家庭成员关系的减弱，但家庭可资利用的成员关系资源在缩小，代与代之间的照顾、赡养关系肯定会受到制约或趋于弱化，这将使家庭对社会服务的需求大大提高，社会保障和社会服务体系的建立因此而具有特别紧迫的意义。

第四章　藏族人口老龄化、养老保障与政策研究

随着人口出生率、死亡率、人均预期寿命的变化，西藏人口的老龄化问题逐渐显露出来，伴随家庭结构的变动，赡养照顾老人成为重大社会问题，单纯依赖家庭养老的时代已不复存在，养老必然逐步从家庭走向社会化服务。人口老龄化是世界人口发展所面临的共同问题，尽管西藏还处在老龄化的初期，但解决老龄化问题必须具有战略性和超前性眼光，在充分借鉴国内外经验的基础上，广泛动员社会力量多渠道筹措资金，加快社会养老服务的法制化进程，探索出解决人口老龄化问题的途径。

一　人口老龄化概念界定

人口老龄化是人口年龄结构变化的一种形式，是指总人口中因年轻人口数量减少、老年人口数量增加而导致的老年人口比例不断上升的过程。根据国际衡量人口老龄化的两个标准：当一个国家或地区 60 岁及以上人口占总人口的比重达到或超过 10%，

或者65岁及以上人口的比重达到或超过总人口的7%，符合这两个标准之一的国家或地区，就被称为进入老年型社会。

从人口学上讲，人口结构变化首先是指人口自身内部不同年龄人群比例的变化，人口老龄化表现为总人口中老年人口比例不断上升的趋势。对一个封闭人口的局域来说，只有生育率和死亡率的变化才会影响人口年龄结构的变化。由于西方国家人口老龄化问题严重，西方人口学家对生育率和死亡率对年龄结构老龄化的影响进行了深入的研究并得出明确的结论：人口老龄化的决定性因素是生育率下降，死亡率下降对人口老龄化的影响是双向和分阶段的，死亡率初期的下降会导致人口年轻化，而后期下降则会促进老龄化。联合国1973年出版的人口问题研究综述再次指出，生育率下降是导致人口老龄化的最大原因，并进一步指出，生育率下降的程度可以加速或延缓人口老龄化的进程。①

二　从两种角度观察西藏人口老龄化水平

（一）从国际国内标准分析

从历次人口普查数据来看，1982年西藏60岁及以上老年人口为13.89万，占总人口的7.34%；1990年增加到16.25万人，占总人口的7.40%；2000年增加到19.48万人，占总人口

① 转引自李建新《中国人口结构问题》，社会科学文献出版社，2009，第37页。

的7.45%；2010年增加到23.04万人，占总人口的7.67%。65岁及以上老年人口所占比重从2000年的4.80%上升到2010年的5.10%。从国际国内标准来看，西藏人口老龄化并不明显。然而从绝对数量看，西藏老年人口绝对数量增长迅速，从1982年的13.89万人增长到2010年的23.04万人，28年间增加了近10万人（见表4-1）。从增长速度看，1982~2010年，60岁及以上人口年均增长率均高于总人口年均增长率，28年间老年人口年均增长率（1.82%）高出总人口年均增长率（1.66%）0.16个百分点，老年人口增长速度快于总人口增速。因此，近30年时间里虽然西藏60岁及以上老年人口的比重增长缓慢，2010年仍未达到总人口的10%，但从老年人口的绝对数量和增长速度来看，西藏人口老龄化进程正在迅速推进。

表4-1　历次普查西藏各地（市）人口老龄化情况

单位：万，%

年　份	总人口		60岁及以上人口		
	总人口	年均增长率	人口数	年均增长率	比重
1982	189.24	—	13.89	—	7.34
1990	219.60	1.88	16.25	1.98	7.40
2000	261.63	1.77	19.48	1.83	7.45
2010	300.22	1.39	23.04	1.69	7.67
1982~2010	—	1.66	—	1.82	—

数据来源：根据“西藏自治区历次人口普查资料”计算所得。

（二）从西藏特殊情况分析

一般来说，人口年龄构成的划分是按照联合国所划分的三

大年龄组，即0~14岁的少儿人口组，15~64岁的成年人口组，65岁及以上的老年人口组，这种年龄组划分明确刻画了人类生命周期的三个阶段。然而，这种划分并不是一成不变的，20世纪初瑞典人口学家桑德巴从人口学的角度，按照总人口三大年龄组0~14岁、15~49岁、50岁及以上的构成比例，把不同国家的人口划分为增加型、稳定型和减少型。[①] 在这里，我们注意到桑德巴当时的老年人口年龄界限是50岁。目前广泛使用的老龄化标准是按照联合国界定的发达国家65岁和发展中国家60岁的年龄标准，这一标准是在“二战”以后随着医疗技术普及、卫生健康水平的提高以及制度的完善，世界各国人口死亡率持续下降，人均寿命大大延长，世界人口发生巨大变化的背景下产生的。

然而这一标准在西藏并不适用。西藏平均海拔4000米以上，自然环境恶劣，高寒缺氧，海拔5000米以上的地区自然条件更为残酷，严重威胁人类和其他生物的存在，影响体力也限制脑力，严重影响人的健康。恶劣的自然条件、落后的经济发展水平和简陋低下的医疗卫生条件，导致西藏和平解放前人口死亡率极高，平均预期寿命仅有35.5岁，老年人口比重极低。西藏和平解放60多年来，在党中央的关怀和兄弟省区市的支援下，经济社会发展速度不断加快，发展水平显著提高，人民生活水平和医疗卫生条件显著改善，人口死亡率迅速下降，人口自然增长率显著上升，自1956年以来，西藏人口出

---

① 转引自黄荣清《年龄结构对人口增长的作用力度量——兼谈中国少数民族人口年龄结构》，《中国人口科学》1996年第2期。

生率、自然增长率均高于全国平均水平，人口发展进入有史以来最快的时期。然而，西藏人均预期寿命仍低于全国平均水平，目前西藏平均预期寿命 68.17 岁（那曲地区部分县人均预期寿命甚至只有 40 多岁），虽然较和平解放前的 30 多岁大大提高了，但与全国平均预期寿命 74.83 岁相比仍低 6～7 岁。考虑到平均预期寿命的差距，60 岁的老龄化标准在西藏显然是高了，因为按照这一标准来计算实际上是低估了西藏的老龄化水平，因此，西藏的老龄化标准不应与全国一致。如果按照全国 60 岁标准并参照 6～7 岁的寿命差距适当降低西藏的老龄化标准，据“六普”统计数据显示，西藏 56 岁及以上人口已经达到 303411，即已占总人口的 10% 以上，如果这一假设成立，西藏已经进入老年型社会，可以预见，老年人口将会快速增加。

三 藏族人口老龄化的现状和特点

通过分析可见，目前西藏虽未整体进入老龄化社会，但已经呈现出人口老龄化的特点。由于是多民族地区，人口老龄化也具有独特的民族特征。

（一）老年人口以藏族为主

西藏是以藏族为主的多民族成分地区，藏族人口占总人口的 90.48%。“六普”数据显示，在全区 60 岁及以上老年人口中，藏族比重高达 98.22%，65 岁及以上老年人口中，藏族比重高达 98.54%，可见西藏老年人口以藏族为主。藏族 60 岁及以上老龄化

达 8.33%，65 岁及以上老龄化达 5.55%。藏族人口老龄化有其鲜明的特点：第一，藏族老年人主要集中在农牧区。“六普”藏族总人口为 271.64 万，其中农村人口为 225.29 万，占总人口的 82.94%，藏族人口城镇化率仅为 17.06%，低于全区人口城镇化率 22.67% 的水平。第二，藏族百岁老人比例大。“五普”“六普”全区百岁老人分别为 62 人和 38 人，“五普”藏族百岁老人 56 人，其中男性 15 人，女性 41 人；“六普”藏族百岁老人 34 人，其中男性 14 人，女性 20 人，与其他民族相比，藏族百岁老人比例大。据西藏自治区老龄工作委员会 2008 年统计，在当年全区 281 万人口中，有 80~99 岁的老人 19500 多人，而百岁以上的老人有 79 人，这是西藏历史上百岁老人最多的时期，已成为全国百岁老人最多的省区之一。[①] 第三，藏族人口老龄化速度快。由于和平解放前西藏人口平均寿命短，老年人口比重极低，和平解放后随着死亡率下降、人均寿命延长和生育率的快速下降，导致老年人口数量大、增长快、老年人口比重日益提高，这种持续而迅速增长的态势，还将继续扩大。

（二）世居民族老龄化程度高

与藏族相比，由于汉族、回族、土族并不属于西藏世居民族，流动性强，具有鲜明的流动人口年龄构成的特点，少年儿童比重和老年人口比重极低，与世居民族的年龄构成形成了极大的差别。其

---

① 西藏人口《中国西藏：事实与数字 2008》，http：//www.china.com.cn/aboutchina/zhuanti/xzdwhys/2008 －06/13/content_ 15966808.htm。

中，汉族人口老龄化程度最低，60岁和65岁及以上老年人口比重仅为0.84%和0.38%；回族人口老龄化程度较低，60岁和65岁及以上老年人口比重分别为2.05%和1.05%；土族人口老龄化程度也较低，60岁和65岁及以上老年人口比重分别为2.34%和1.69%。在世居西藏的少数民族中，纳西族人口老龄化程度较高，60岁及以上人口的比例达到10.15%，成为典型的老年型人口；藏族60岁及以上老年人口比例为8.33%；门巴族、珞巴族、未识别民族老年人口比例均接近7%，年龄结构较合理，也较年轻。另外，“六普”的显著特点是哈萨克族人口老龄化程度最高，60岁和65岁及以上老龄化水平高达10.73%和6.72%，柯尔克孜族与藏族人口老龄化接近，60岁和65岁及以上老龄化水平分别达到8.07%和5.45%。总的看来，西藏世居民族人口老龄化程度较高（见表4-2）。

表4-2 “六普”西藏千人以上民族老年人口系数

单位：人，%

	合计	藏族	汉族	回族	哈萨克族	柯尔克孜族	纳西族	土族	门巴族	珞巴族	未识别民族
总人口	2996772	2716388	245263	12630	2143	2678	1133	1068	9663	3489	2317
60岁及以上人口	230204	226265	2069	259	230	216	115	25	637	236	152
65岁及以上人口	152818	150674	929	132	144	146	89	18	439	146	101
60岁及以上人口比重	7.67	8.33	0.84	2.05	10.73	8.07	10.15	2.34	6.59	6.76	6.56
65岁及以上人口比重	5.09	5.55	0.38	1.05	6.72	5.45	7.86	1.69	4.54	4.18	4.36

数据来源：根据“西藏自治区2010年人口普查资料”计算所得。

（三）老龄化程度各地区发展不平衡

从西藏各地（市）人口老龄化水平看，据“六普”数据显示，全区 60 岁及以上老年人口为 23.04 万，占全区总人口的 7.67%，各地（市）均在老龄化标准之下；但拉萨市所属林周县，昌都地区所属的贡觉县，山南地区所属的扎囊县、琼结县，日喀则地区所属的仁布县，60 岁及以上的老年人口占全县总人口的比重均在 10% 以上，仁布县甚至高达 11.07%，这些县 65 岁及以上的人口老龄化比重亦较高，超过 7%。[①] 由此可见，就全区而言，西藏整体尚未进入老龄化社会，但局部已呈现出老龄化形态，且老龄化区域发展不平衡。昌都地区和山南地区老龄化水平高于全自治区平均水平，林芝地区、阿里地区和那曲地区老龄化水平较低，低于全自治区平均水平（见表 4－3）。由于全区的老年人口所占比例相对较低，人口老龄化并未在西藏引起足够的重视，在相关的政策制定和学术研究方面也有所欠缺。

表 4－3 “六普”西藏各地（市）人口老龄化水平

单位：人，%

地区分组	总人数	60 岁及以上		65 岁及以上	
		人数	比重	人数	比重
拉萨市	559423	40260	7.20	26299	4.70
昌都地区	657505	56908	8.66	38343	5.83
山南地区	328990	28835	8.76	18524	5.63

① 西藏自治区第六次全国人口普查领导小组办公室等编《西藏自治区 2010 年人口普查资料》（第 1 册），中国统计出版社，2012，第 475 页。

续表

地区分组	总人数	60 岁及以上		65 岁及以上	
		人数	比重	人数	比重
日喀则地区	703292	53610	7.62	35707	5.08
那曲地区	462381	31475	6.81	21173	4.58
阿里地区	95465	6471	6.78	4522	4.74
林芝地区	195109	12806	6.56	8340	4.27
合　计	3002165	230365	7.67	152908	5.09

数据来源：根据“西藏自治区 2010 年人口普查资料”计算所得。

四　藏族人口老龄化的原因分析

（一）人口平均预期寿命的延长是人口老龄化形成的前提

西藏和平解放后，随着经济社会的持续发展和医疗卫生条件的迅速改善，西藏人口死亡率由和平解放前的 28‰快速下降到 2010 年的 5.3‰。由于死亡率的持续下降，西藏人口的平均预期寿命不断增加，由和平解放前的 35.5 岁提高到 2010 年的 68.17 岁，越来越多的藏族人口步入人生的老年阶段，导致老年人口绝对数量的增加，这是藏族人口老龄化形成的前提。

（二）生育率下降是人口老龄化的决定性因素

低生育率是导致人口老龄化的决定性因素，是出生率持续

下降、平均预期寿命不断延长的结果。西方国家进入老龄化社会的时间较早，对老龄化现象的研究也较为充分，他们认为，快速推进的工业化、城市化、现代化是导致人口状况转变的根本原因，即人口出生率、死亡率从高到低的转变，从而必然导致人口年龄结构的变化和人口老龄化，从这个意义上来讲，人口老龄化是社会经济发展的必然结果。

西藏自治区的计划生育政策十分宽松，农村藏族家庭实际上处于一种自然生育状态。然而从 1982 年开始，西藏全区育龄妇女的总和生育率逐年下降，1989 ~ 2000 年，总和生育率由 4.22 下降到 1.85，1995 ~ 2000 年这几年下降尤为显著，由 2.97 降至 1.85，即 2000 年已降到人口更替生育水平（总和生育率 2.1）之下，2010 年进一步下降到 1.05。在此期间，西藏乡村地区妇女生育率的大幅度下降尤其引人注目。

20 世纪 80 年代以后西藏生育率急剧下降，与西藏经济社会的持续发展和医疗卫生条件的迅速改善，尤其是妇幼保健工作的开展促使婴儿死亡率急剧下降密切相关。婴儿死亡率是反映一个国家和民族居民健康水平和社会经济发展水平的重要指标，特别是妇幼保健工作水平的重要指标。西藏农村藏族育龄妇女的生育模式一直处于自然生育状态，而婴儿死亡率在 1951 ~ 2000 年由 1951 年的 430‰下降到 1982 年的 200‰左右，继而下降到 1989 年的 93.62‰和 1994 年的 72‰，2000 年又下降到 56.01‰和 2003 年的 31‰，2010 年进一步下降到 13.71‰。因此，民主改革以前，藏族妇女的高生育率是在高婴儿死亡率的条件下，为保证一定数目的孩子成活所作出的一种必然的选择，在生一个便能保证存活一个的情况下，妇女总和生育率的急剧下降乃是必然的趋势。[①]

（三）死亡率迅速下降是人口老龄化的重要原因

西藏人口转变始于和平解放后死亡率明显而迅速的下降，而传统的高出生率却没有与死亡率下降同步，而是滞后于死亡率的下降速度。人口死亡率与生活条件、医疗条件息息相关，随着西藏经济社会的发展，人民的生活水平和医疗卫生条件有了很大提高和改善，死亡率迅速下降到 2010 年的 5.3‰，而生育率的转变要受经济社会发展、政治、文化、观念等多种因素的影响。我国生育率的转变始于 20 世纪 70 年代国家计划生育政策的介入，并迅速由高生育率转向低生育率水平，转变速度之快为世人所瞩目。

20 世纪 70 年代末，我国实行了改革开放并确立了以经济建设为中心的指导方针，与此同时，国家也以很强的力度推行了计划生育政策，实行了严格的计划生育“一孩”政策。1980 年 9 月，国务院总理在全国人民代表大会上的讲话中指出：“如果不控制，就将出现一个人口增长的特大高峰，使经济和整个社会生活无法适应。国务院经过认真研究，认为在今后二三十年内，必须在人口问题上采取一个坚决的措施，就是除了在人口稀少的少数民族地区以外，要普遍提倡一对夫妇只生一

---

① 何景熙、李艾琳：《西藏人口转变中的“人口红利”问题探讨——从人口发展态势看西藏的机遇与挑战》（上），《西藏研究》2006 年第 3 期。

个孩子，以便把人口增长率尽快控制住，争取全国总人口在本世纪末不超过 12 亿。”① 西藏作为边疆民族地区，中央政府并没有实行“一刀切”，而是给予了特殊的生育政策，尊重民族宗教信仰、风俗习惯，反对任何形式的强迫命令和处罚行为，只对在西藏工作的汉族干部、职工实行一对夫妇生育一个孩子的政策，对藏族干部、职工不做要求。从 1984 年起，西藏自治区政府在藏族干部、职工和城镇居民中提倡鼓励一对夫妇有间隔地生育两个孩子，但坚持自愿的原则，对农牧民没有实行计划生育，自愿选择生育数量。

由此可见，西藏生育率的转变不能归结为计划生育政策的干预，而是经济社会快速发展、医疗条件迅速改善、死亡率大幅度下降的结果。目前，农牧民认为生育 3～4 个孩子比较合适的观念较为普遍，这与多年的计划生育教育和服务之下藏族妇女生育观念的改变有关，也与农牧区经济社会状况的改善有关。

总之，导致人口老龄化最重要、最根本的原因是人口出生率的下降。随着 20 世纪 90 年代藏族妇女生育率快速下降，出生的人口相对减少，而人口死亡率下降、人均预期寿命延长，又加剧了老年人口的相对增加，人口老龄化的发生是不可避免的。

正是出于老年人口日益增长这一背景，在一些专家学者的建议下，我国在继续坚持稳定低生育率的前提下，在一些地方

① 转引自李建新《中国人口结构问题》，社会科学文献出版社，2009，第 26 页。

开始试行“一孩半政策”，以缓解老龄化高峰带来的影响。然而，在生育意愿发生改变和生育行为日趋理性化的条件下，即使放宽了生育政策，也不会造成人口反弹。

五　藏族人口老龄化的变动趋势及其对经济社会发展的影响

年龄结构是判断人口变动趋势的主要依据，它反映人口的基本构成、人口现实状况的重要方面，对分析人口再生产类型以及未来人口发展会起重要作用。

（一）人口年龄结构从成年型向老年型转变

“五普”时藏族 0～14 岁少儿人口占藏族总人口的比重为 32.60%，65 岁及以上人口的比重为 5.05%，老龄化指数（老少比）为 15.49%，年龄中位数为 23.69 岁；“六普”时藏族少儿人口比重下降到 26.01%，老年人口比重上升到 5.55%，老龄化指数提高到了 21.32%，年龄中位数提高到了 26.96 岁（见表 4－5）。根据国际人口类型划分标准，对照表 4－4，西藏藏族人口年龄结构已进入成年型。不难发现，近 10 年来，藏族少儿人口比重大幅度下降，而尽管藏族老年人口比重提高不大，但老年人口绝对量的增长速度快于总人口的增长速度，可以推断，未来人口将出现老年人口比重更高、少儿人口比重更低、人口增长速度放缓，人口年龄结构由成年型向老年型转变的必然趋势。

表 4－4　国际人口类型划分标准

单位：%

	0～14 岁	60 岁及以上	65 岁及以上	老龄化指数*	年龄中位数△
年轻型	>40	<5	<4	<15	<20
成年型	30～40	5～10	4～7	15～30	20～30
老年型	≤30	≥10	≥7	≥30	≥30

说明：* 老龄化指数（又称老少比）＝（65 岁及以上人口数/0～14 岁人口数）×100%。

△年龄中位数＝中位数组的年龄下限值＋［（人口总数/2－中位数组之前各组人数累计）÷中位数组的人口数］×组距。

表 4－5　“五普”“六普”西藏藏族人口老龄化水平

单位：人，%，岁

	合计	65 岁及以上		60 岁及以上		0～14 岁		老龄化指数	年龄中位数
		人数	比重	人数	比重	人数	比重		
五普	2427168	122596	5.05	191942	7.91	791297	32.60	15.49	23.69
六普	2716388	150674	5.55	226265	8.33	706654	26.01	21.32	26.96

数据来源：根据“西藏自治区 2000、2010 年人口普查资料”计算所得。

从“六普”各年龄组人口构成比例绘制而成的西藏藏族“人口年龄金字塔”也可以看出，20～29 岁年龄组最宽，30～49 岁年龄组较宽，说明 20 世纪 60～80 年代出生的人口较多，人口增长速度较快，这一庞大人群将在 2020～2050 年前后陆续进入老龄化阶段，可以预见，随着死亡率的不断下降，未来藏族人口老龄化速度将会进一步加快，老年人口数量将会高速迅猛增加（见图 4－1）。

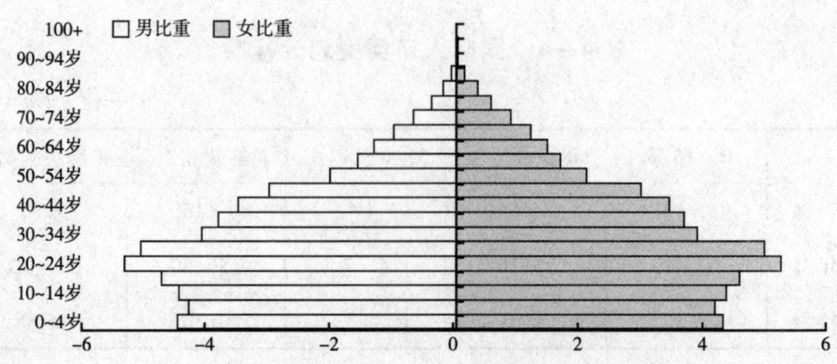

图 4－1　“六普”西藏藏族人口年龄金字塔

数据来源：《西藏自治区 2010 年人口普查资料》。

（二）人口再生产类型由稳定型向减少型过渡

瑞典人口学家桑德巴根据现有人口年龄构成与未来人口出生率、自然增长率的关系，将人口构成划分为三种类型：增加型、稳定型、减少型。增加型低年龄人口比重大，出生率高，人口发展惯性大；稳定型人口处于平衡状态，人口既不增加也不减少；减少型则与增加型正好相反。[①]“六普”藏族总人口中，0～14 岁的人口为 70.67 万，占 26.01%；15～49 岁的人口为 158.30 万，占 58.28%；50 岁及以上的人口为 42.67 万，占 15.71%，各项指标更接近于稳定型（见表4－6）。同“五普”相比，呈现出少儿人口比重大幅度下降、15～49 岁劳动适龄人口比重不断上升、老年人口比重缓慢上升的趋势，少儿人口比重下降将导致人口出生率下降和人口增长速

① 转引自西藏自治区人口普查办公室编《世纪之交的中国人口：西藏卷》，中国统计出版社，2005，第 30 页。

度趋缓，预示着未来藏族人口将由目前的稳定型逐渐过渡到减少型。

表 4-6　西藏藏族人口年龄构成及人口再生产类型

单位：%

年龄组	桑德巴年龄结构类型			藏族人口年龄构成	
	增加型	稳定型	减少型	“五普”	“六普”
0～14 岁	40	26.50	20	32.60	26.01
15～49 岁	50	50.50	50	52.49	58.28
50 岁及以上	10	23.00	30	14.91	15.71

数据来源：根据“西藏自治区 2000、2010 年人口普查资料”计算所得。

根据藏族人口年龄构成和藏族人口再生产类型分析，藏族人口年龄结构将由目前的成年型向老年型转变，人口再生产类型将由目前的稳定型向减少型过渡，表明西藏藏族人口老龄化趋势渐趋明显。

（三）人口年龄结构老龄化使老年抚养比稳步上升

持续的低生育率水平（低于人口更替水平）意味着新生人口减少，同时随着人均寿命的延长，老年人口死亡率下降速度将加快，促使人口老龄化程度更加剧烈。进入老年型社会后的一个显著特点就是老年人口负担加重，也必将影响到劳动生产率的提高。

老龄人口的增加会改变人口的老年抚养比和总抚养比。衡量人口老龄化程度的一个指标是老年抚养比，即 65 岁及以上老年人口与 15～64 岁劳动年龄人口数之比。虽然并非所有 15～64

岁的人都工作，65 岁及以上老年人中继续工作的劳动者也不少见，但老年抚养比概略地描述了老年供养需求与社会生产能力之间的关系。

鉴于西藏人口预期寿命较全国平均水平低，这里采取 60 岁作为老龄化标准计算老年抚养比和总抚养比。按国内标准计算，“五普”藏族 60 岁及以上老年抚养比为 13.29%，“六普”下降到 12.69%，下降了 0.60 个百分点，高于全区“五普”“六普”12.13% 和 11.29% 的水平，这是因为西藏老年人口以藏族为主，藏族老龄化程度较全区高的缘故。与全国“五普”“六普”老年抚养比 10.10% 和 19.02% 相比，分别高 3.19 个百分点和低 6.33 个百分点（见表 4－7），老年抚养比并不算高，这得益于西藏和平解放后党中央和各级政府的关心和帮助，才使得西藏社会生产力长足发展，人口死亡率有效控制和人口出生率较高，15～59 岁人口增长较快。但随着西藏人口年龄结构由成年型向老年型转变，老年人口比重不断上升，藏族老年抚养比将不断上升。

表 4－7　“五普”“六普”西藏藏族年龄构成及抚养比

单位：%

	0～14 岁	15～59 岁	60 岁及以上	少儿抚养比	老年抚养比*	总抚养比△
“五普”	32.60	59.49	7.91	54.80	13.29	68.09
“六普”	26.01	65.66	8.33	39.61	12.69	52.30

说明：* 老年抚养比 =（60 岁及以上人口数/15～59 岁人口数）×100%。

△总抚养比 =［（60 岁及以上人口数 +0～14 岁人口数）/15～59 岁人口数］×100%。

数据来源：根据“西藏自治区 2000、2010 年人口普查资料”计算所得。

（四）人口年龄结构和家庭结构变化带来养老负担的加重

人口转变的不同时期对经济发展有不同方向的影响。在人口转变初期，由于死亡率下降而生育率保持不变，人口数量快速增长，少年儿童比例上升，劳动力人口比例下降，总抚养比升高，因而不利于经济增长；在人口转变的第二阶段，生育率开始下降，人口数量增长减缓，人口年龄结构朝着劳动力人口比率不断上升、抚养比不断下降的方向变化，这种变化对经济增长产生积极影响，即人口红利阶段；在人口转变的第三阶段，生育率下降到与死亡率水平相当，人口趋于稳定和静止，人口数量和年龄结构都趋于常量，不再变化，人口对经济增长的影响也趋于中性。因此，人口年龄结构对经济产生影响，并且人口转变的不同时期对经济有不同方向的影响。

从西藏人口老龄化的到来对经济社会的影响上看，老龄化首先是劳动年龄人口比例相对下降，老年人口抚养比相对上升，这一升一降都会对经济社会可持续发展产生负面作用，直接影响体现在劳动力供给短缺和养老、医疗保障压力加大。持续的低生育率使青少年人口比例下降，新增劳动力人口减少，势必造成劳动年龄人口老化，而老年人口的人均抚养费用与少儿人均抚养费用不同，前者高于后者。据专家估计，我国情况是老年人均抚养费用与少儿人均抚养费用之比为1∶0.5，即老年人口抚养“负担”更重。①

① 曾毅：《中国人口分析》，北京大学出版社，2005，第66页。

随着西藏经济社会发展和生育率下降，也导致传统的藏族大家庭逐渐解体，家庭规模日趋缩小，家庭结构向小家庭、核心家庭和“四二一”的家庭模式转变，这无疑会加重家庭养老的经济压力，也给家庭养老带来了诸多问题。并且随着农业生产力水平的提高和人口的增加，西藏农牧区剩余劳动力的大量存在和人均资源的相对不足，必然促使劳动力外出流动以缓解农村较为紧张的人地关系。近年来，西藏农牧区剩余劳动力的转移有较大幅度的提高，农牧民向城镇转移是很活跃的，日喀则地区的很多农牧民在阿里、那曲等地区的牧区从事建筑、揉皮等工作，在安多等地方经营甜茶馆，城郊农民进城务工等，都已屡见不鲜，这无疑造成了农牧区老龄化程度的加剧和家庭养老资源的短缺。

（五）少儿抚养比和总抚养比下降，仍是发挥“人口红利”的机遇期

劳动人口除了抚养老年人口外，还要抚养未成年儿童，与老年抚养比相对应的指标是少儿抚养比，即0～14岁人口数与15～64岁人口数之比（这里仍采取60岁的老龄化标准，即0～14岁人口与15～59岁人口数之比，与前文保持一致）。2000～2010年，西藏藏族少儿抚养比由54.80%迅速下降到39.61%，这是生育率迅速下降的结果。老年抚养比与少儿抚养比之和称为总抚养比，由于少儿比重迅速下降，导致总抚养比由68.09%下降到52.30%，出现明显的下降趋势（见表4－7）。从藏族妇女总和生育率持续下降的态势可以推断，少儿抚养比

将会持续下降，藏族人口的总负担比将会在未来一段时期内下降到更低的水平，这一时期劳动适龄人口比重高、劳动力资源丰富，而抚养比低、社会负担较轻，是推进经济社会发展和建设小康西藏的大好机遇期。

六 应对藏族人口老龄化问题的对策与建议

目前西藏仍处于人口老龄化的初期，与我国迅猛而来的老龄化高峰相比要缓慢得多，这是由于西藏推行计划生育政策的时间较全国迟、覆盖面窄、政策宽松。但随着人口老龄化进程的推进，西藏将面临庞大的老年人口增加和经济社会发展缓慢的现实。因此，为加快建立健全养老保障制度和社会服务机制，必须转变观念，未雨绸缪，从战略上高度重视民族地区的老龄化问题。

（一）关注藏族农牧区老年人口的生存状况和问题

西藏自治区的老年人口以藏族为主，并多集中在农牧区，其生存状况直接关系到全区老年人口的生活质量和水平。关注农牧区老年人口的生存环境和状况，落实“五保”供养制度，解决好“三无”老人的保障问题，确立适合民族地区的养老模式和养老服务体系、社会保障体系，开展针对老年人口的扶贫活动，加强老年福利设施建设，采取公建民营、民办公助等多种形式，发展具有民族特色的社区福利和社区服务，才能切实解除农牧民老年人口的养老之忧。

（二）加速西藏经济的健康发展，完善基本的养老保障体系

我国自古以来就有“养儿防老”的传统，赡养老人是每个子女应尽的义务和不可推卸的责任。西藏传统的大家庭为抚养、照料老人提供了最可靠的方式，其代际间的感情交流和精神慰藉也是老人最认可的方式，因此家庭养老居于主体地位。然而，随着经济社会的发展变迁，单纯依靠家庭养老的条件和基础都已不复存在，多元化的养老模式正在形成，即政府、社会和家庭都将在养老体系中发挥重要作用，社会福利中心、老年护理院等建设项目也被西藏“十二五”规划列为重要任务。然而，以西藏目前的经济发展水平和财政负担能力来看，提供大量的养老机构和服务是难以实现的。因此，在老年人口比例不断加大的情况下，加速西藏经济社会的健康发展，完善基本养老保障，尤其是向农牧区老年人倾斜，建立以家庭养老为主，社会机构养老为补充的养老体系，是应对未来老龄化问题的基础和有效措施。

（三）积极发展老龄产业和服务，鼓励并拉动老年消费市场

从人生历程来说，老龄化是逐渐衰老的过程，但从人力资源来看，老年人又是独特的人力资本。老年人拥有丰富的人生阅历和社会经验，有着深刻的洞察力和知识积累，老年人不是社会负担而是宝贵的社会财富。需求创造供给，随着老龄化社

会的到来，老龄社会为经济发展提供了一个潜在的巨大市场，创造了消费的新领域。因此，积极开发老龄产业和服务业，针对老年人特殊需求，加快建设一批老年活动场所、老年护理院、保健站、老年学习机构等，以满足不同层次老年人的各种需求，有利于扩大内需，推动经济发展。与此同时，要通过各种宣传引导和鼓励措施，带动消费者，尤其是老年人，转变消费观念，从偏爱省钱向乐于消费转变，当然这种转变需要基本社会养老保障的支持。

第五章　西藏人口流动迁移与城镇化发展

人口流动迁移是经济社会发展和人口增长的必然产物，又是快速推进城镇化进程中的必然要求。西藏自治区的城镇化道路首先应是人口的城镇化，而城镇化道路是大力发展小城镇，并合理发展中等城市。第六次全国人口普查对西藏人口流动迁移和人口城镇化进行了较为全面的调查，获得了相关人口变化的丰富资料，通过分析研究这些资料，揭示西藏经济社会发展的变化和趋势，对今后的发展决策具有重大意义。

一　人口流动迁移概念的界定

研究人口流动迁移必须界定两个重要因素，即时间和空间。目前关于我国人口流动迁移研究所涉及的时间界限不一，多数研究根据所使用的数据情况以 6 个月（如“五普”、国家统计局农调队劳动力流动调查等）或 1 年（如“四普”）为界；迁移的空间界限一般根据研究对象而确定，如省（区、

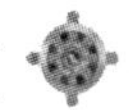

市）际迁移以省（区、市）为界限，省（区、市）内迁移以跨县或跨乡为界。

为保持数据的一致性，本研究对流动迁移人口概念作以下界定：人口迁移，采用“五普”所定义的口径，为改变常住地的时间为半年，空间以跨乡、镇、街道为界，包括户口迁移和离开户口登记地半年以上的空间移动；户籍迁移，指在户口管理部门办理了户口迁移登记手续的空间移动；人口流动，除非特别注明，一般是指离开户口登记地半年以上的非户籍空间移动。鉴于“六普”数据关于人口流动和人口迁移没有做出严格明确的区分，本研究对流动迁移人口亦未作区分。

二 西藏人口流动迁移的现状和特点

据“六普”统计，西藏有262005人出生后曾经离开过出生的乡镇街道6个月以上，占人口总数的8.73%。其中，户口登记地与常住地一致，也就是迁移人口，占36.80%；户口登记地与常住地不一致，即流动人口，占63.12%。迁移流动人口中男性占57.17%，女性占42.83%，从普查数据看，有过迁移流动行为的男性超过女性。

（一）西藏各地（市）流入人口分布

“六普”时拉萨市流入人口为12.84万，占全部流入人口的49.00%，居全自治区各地（市）之首；其次是林芝地区，流入人口为3.7万，占14.12%；再次是日喀则地区，流入人口为2.56万，占9.78%；阿里地区最少，仅为7113人，占2.71%（见表5－1）。在各地（市）流入人口构成中，本县（市、区）内流动人口所占比重均较小，本区外县（市、区）流入人口所占比重大多在20%～40%之间，其中比重最高的是那曲地区，达55.65%，而区外流入人口比重均很高，绝大多数地区介于60%～80%之间，其中昌都地区的区外流动人口比重最高，达74.80%，这与其区位优势有关。昌都地区地处西藏东北，东与四川省相望，东南与云南接壤，素有“藏东门户”之称，近年来随着城镇化的快速发展，吸引了以四川省为主的大量外省人口。

表5－1　“六普”西藏各地（市）按户口登记地分的流入人口情况

单位：人，%

地　区	合计		本县(市、区)		本区其他县(市、区)		区外	
	人口数	比重	人口数	比重	人口数	比重	人口数	比重
拉萨市	128393	49.00	428	0.33	48450	37.74	79515	61.93
昌都地区	23598	9.01	468	1.98	5479	23.22	17651	74.80
山南地区	18368	7.01	34	0.19	5358	29.17	12976	70.64
日喀则地区	25629	9.78	56	0.22	9400	36.68	16173	63.10
那曲地区	21904	8.36	67	0.31	12189	55.65	9648	44.05
阿里地区	7113	2.71	125	1.76	2575	36.20	4413	62.04
林芝地区	37000	14.12	384	1.04	11569	31.27	25047	67.69
合　计	262005	100.00	1562	0.60	95020	36.27	165423	63.14

数据来源：《西藏自治区2010年人口普查资料》（第1册），第36～39页。

纵观各地区人口迁入情况，可发现以下几个特点：一是人口城镇化水平高，人口多的地区迁入人口就多；二是城镇

化水平低，人口相对少的地区迁入人口就少；三是人口少的地区迁入人口也较少；四是各地区迁入人口差异较大，如迁入人口最多的拉萨市比迁入人口最少的阿里地区多46.29个百分点。

（二）西藏流入人口的城乡分布

从市镇乡流动人口看，离开户口登记地半年以上的流动人口共有262005人，其中流入城市的93384人，占35.64%；流入镇的102675人，占39.19%；流入乡村的65946人，占25.17%；流入市镇总和占74.83%。区外流入人口共有165423人，其中流入城市的62211人，占37.61%；流入镇的67499人，占40.80%；流入乡村的35713人，占21.59%；流入市镇总和占78.41%。可见，流动人口主要以流向城镇为主，说明城镇在吸纳流动人口方面起重要作用。

（三）西藏流入人口的省际分布

从省际来看，流入西藏的人口来自全国各省（自治区、直辖市）（港澳台除外）人口165423人，其中，来自四川省的最多，有83903人，占流入人口总量的50.72%；甘肃省次之，有19671人，占11.89%；重庆市居第三位，有11482人，占6.94%；此外，流入西藏比重相对较大的省份还有河南、青海、陕西、湖北、湖南和云南，分别占5.22%、4.93%、2.93%、2.90%、2.44%、2.29%，合计占流入人口比重的90.26%（见表5－2）。

表 5-2　“六普”西藏自治区流入人口迁出地分布

单位：人

地　区	迁移人口	地　区	迁移人口	地　区	迁移人口
四川	83903	浙江	2085	黑龙江	426
甘肃	19671	山东	1428	广东	414
重庆	11482	江苏	1348	吉林	328
河南	8640	河北	1337	广西	300
青海	8160	福建	1094	宁夏	240
陕西	4845	贵州	1080	北京	229
湖北	4792	江西	1043	内蒙古	223
湖南	4034	山西	699	天津	81
云南	3780	新疆	605	上海	78
安徽	2536	辽宁	471	海南	71

数据来源：《西藏自治区 2010 年人口普查资料》（第 2 册），第 790～794 页。

从目前西藏人口流动迁移的流向看，以农村到城镇的迁移流动为主，占 40.70%，反映了西藏目前正处于城镇化快速发展时期；其次是城市之间的迁移流动，占 37.10%；农村到农村的迁移流动占 18.30%，城市到农村的迁移只占 3.90%。进一步分析，城乡迁移的流向符合梯度递进迁移规律，即市的迁入者主要来源次序为街道（市）、镇和乡，镇的迁入者主要来源次序为镇、乡和街道（市），县的迁入者主要来源次序为乡、镇和街道（市）。因此，人口迁移促进了城镇化发展。

三　西藏人口流动迁移的构成及原因分析

人口的流动迁移在不同时期有不同的内容和形式，对人口

发展的规模、速度、类型和趋势发挥重要作用，在全面建设小康社会的关键时期和经济发展方式转变的关键阶段，西藏人口流动迁移数量及构成均发生了一些新变化、呈现出一些新特点。

（一）流动迁移人口的性别构成

从“六普”数据看，西藏总迁移人口为262005人，其中男性149798人，占57.17%，女性112207人，占42.83%，性别比为133.50（见表5-3）。由各年龄组迁移人口性别构成绘制而成的曲线图可以清晰地看到（见图5-1），各年龄组男性迁移人口比重始终高于女性，并且随着年龄的增加，性别差距逐渐拉大，形成迁移人口性别比剪刀差，一直到60岁之后，性别比基本平衡，表明迁移人口男性多于女性，也印证了西藏在以经济型迁移为主的务工经商人员中，男性就业机会大于女性的优势。

表5-3　“六普”西藏流动迁移人口的性别年龄构成

单位：人，%

年龄	合计	男性		女性		性别比（女=100）
		人口数	比重	人口数	比重	
0~4	5588	2908	52.04	2680	47.96	108.51
5~9	7085	3792	53.52	3293	46.48	115.15
10~14	7575	3813	50.34	3762	49.66	101.37
15~19	17353	9246	53.28	8107	46.72	114.04
20~24	40353	21617	53.57	18736	46.43	115.38
25~29	35514	19384	54.58	16130	45.42	120.17
30~34	32445	18545	57.16	13900	42.84	133.43

续表

年龄	合计	男性		女性		性别比
		人口数	比重	人口数	比重	（女＝100）
35 ~ 39	39872	23765	59. 60	16107	40. 40	147. 52
40 ~ 44	34726	20840	60. 01	13886	39. 99	150. 06
45 ~ 49	21309	13429	63. 02	7880	36. 98	170. 42
50 ~ 54	8298	5478	66. 02	2820	33. 98	194. 29
55 ~ 59	5527	3630	65. 68	1897	34. 32	191. 38
60 +	6360	3351	52. 69	3009	47. 31	111. 37
合　计	262005	149798	57. 17	112207	42. 83	133. 50

数据来源：根据“西藏自治区 2010 年人口普查资料”计算所得。

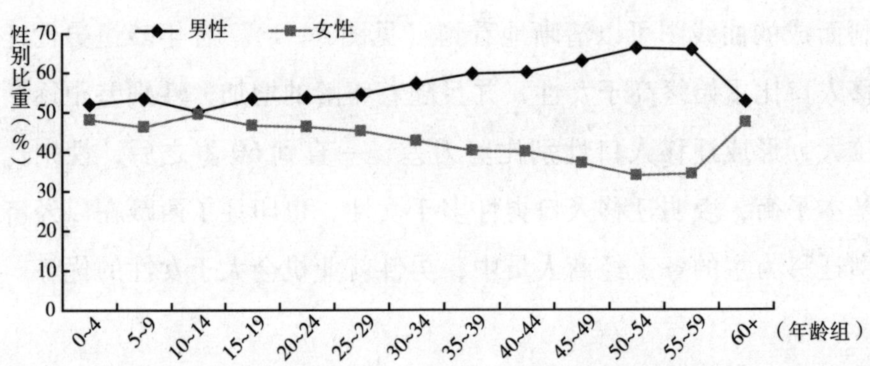

图 5－1　“六普”西藏流动迁移人口的性别年龄构成

数据来源：根据“西藏自治区 2010 年人口普查资料”计算所得。

（二）流动迁移人口的年龄构成

鉴于与其他省市比较，西藏迁移人口的数量不大，据此，按未成年人口（0 ~ 14 岁）、劳动年龄人口（15 ~ 59 岁）和老年人口（60 岁及以上）划分三个年龄组来分析迁移人口的年龄构成。

“六普”数据显示，西藏的迁移人口为262005人，其中劳动年龄人口为235397人，占总迁移人口的89.84%，未成年人口为20248人，占7.73%，老年人口为6360人，占2.43%。与“五普”比较，劳动年龄人口占总迁移人口的比重增加了2.26个百分点，而未成年人口的比重下降了3.30个百分点，老年人口的比重则上升了1.05个百分点（见表5－4）。

表5－4　“六普”西藏流动迁移人口年龄组比重比较

单位：人，%

年龄组	人口数	比　重	年龄组	人口数	比　重
0～4	5588	2.13	35～39	39872	15.22
5～9	7085	2.70	40～44	34726	13.25
10～14	7575	2.89	45～49	21309	8.13
15～19	17353	6.62	50～54	8298	3.17
20～24	40353	15.40	55～59	5527	2.11
25～29	35514	13.55	60＋	6360	2.43
30～34	32445	12.38	合　计	262005	100.00

数据来源：根据“西藏自治区2010年人口普查资料”计算所得。

从各年龄组流动迁移的具体情况看，迁移人口的峰值年龄分布在20～24岁和35～39岁，分别占总迁移人口的15.40%和15.22%，众数分布在20～44岁，占69.81%，说明流动迁移人口是最活跃的年轻人群体和富有活力的中年人群体，这几个年龄段的人群可塑性强，且对追求更好工作和更高收入，以及更多受教育机会和自我实现的愿望更强烈、更迫切，因此，这一群体的流动迁移最为活跃（见图5－2）。

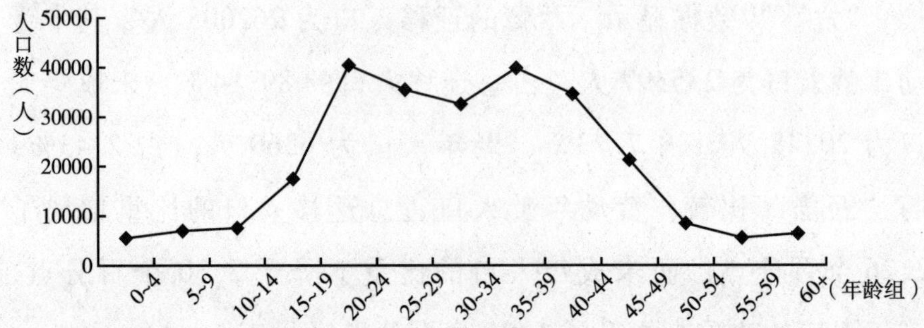

图 5－2　“六普”西藏迁移人口峰值、众数年龄组分布

数据来源：《西藏自治区 2010 年人口普查资料》（第 2 册），第 766～770 页。

（三）流动迁移人口的受教育程度构成

据“六普”长表数据显示，西藏流动迁移人口的受教育程度已处于中等教育水平，同“五普”相比有了新的提高。首先，代表值发生了变化。“五普”流动迁移人口受教育程度数据分布显示，众数以小学、初中、高中（中专）等文化程度为主，占各类受教育人口总数的 75.44%，“六普”众数与“五普”基本一致，占各类受教育人口总数的 76.01%，但峰值即初中受教育程度的人口比重由 28.62% 上升到 34.27%，上升了 5.65 个百分点。其次，文盲人口与小学文化程度人口发生了此起彼伏的变化。文盲人口由“五普”的 15.40% 降至“六普”的 13.22%，下降了 2.18 个百分点；小学文化则由 26.39% 上升到 28.57%，上升了 2.18 个百分点；最后，受教育程度构成发生了可喜的变化。大学专科及以上受教育程度人口由 9.16% 上升到 10.78%，上升了 1.62 个百分点，表明西藏的流动迁移

人口中具有较高文化素质的人口在逐步提高（见表5－5）。这一结果与流动迁移群体以年轻人居多有关，也反映出西藏教育事业快速发展、全民文化素质在逐步提高。

表5－5 “五普”“六普”西藏流动迁移人口的受教育程度构成

单位：%

城乡	未上过学	小学	初中	高中(中专)	大学专科	大学本科	研究生
五普	15.40	26.39	28.62	20.43	5.68	3.37	0.11
六普	13.22	28.57	34.27	13.17	5.91	4.74	0.13

数据来源：根据《西藏自治区2010年人口普查资料》长表资料计算而得。

（四）流动迁移人口的职业构成

据“六普”长表数据推算，西藏流动迁移人口的职业构成相当集中，“商业、服务业人员”和“生产、运输设备操作人员及有关人员”两项之和高达77.71%，而“国家机关、党群组织、企业、事业单位负责人”和“专业技术人员”所占比重之和仅为10.39%。其他流动迁移人口则分散在“办事人员和有关人员”“农林牧渔水利业生产人员”等职业中。表明西藏流动迁移人口以经济型迁入为主，担任领导职务的人员较少及以脑力劳动为主的专业技术人员缺乏等特点（见表5－6）。

从流动迁入人口的区内、区外职业构成来看，区外迁入人员职业以“国家机关、党群组织、企业、事业单位负责人”“专业技术人员”和“商业、服务业人员”为主，区内以“办事人员和有关人员”“不便分类的其他从业人员”为主，说明

表 5－6　“六普”西藏迁入人口职业构成

单位：人，%

职业类别	合计		区内		区外	
	总人口数	比重	人口数	比重	人口数	比重
国家机关、党群组织、企业、事业单位负责人	270	1.63	84	31.11	186	68.89
专业技术人员	1452	8.76	503	34.64	949	65.36
办事人员和有关人员	716	4.32	439	61.31	277	38.69
商业、服务业人员	9658	58.27	2057	21.30	7601	78.70
农林牧渔水利业生产人员	1160	7.00	545	46.98	615	53.02
生产、运输设备操作人员及有关人员	3222	19.44	665	20.64	2557	79.36
不便分类的其他从业人员	96	0.58	80	83.33	16	16.67

数据来源：《西藏自治区 2010 年人口普查资料》长表资料（第 4 册），第 2296～2297 页。

区外迁移人口中，担任领导职务和援藏技术人员居多，同时，区外来区内务工经商的人口也较区内流动人口多，这恰恰说明西藏本地人在漫长的封建农奴制社会中，广大农牧民受农耕文化自然经济的影响，在自给自足的封闭经济中形成的重农轻商的传统观念影响深厚，而商品经济意识还较差，随着市场经济的发展，商品经济意识有待进一步提高。

（五）流动迁移人口的动机构成

“六普”资料显示，西藏人口流动迁移的原因分为以下 9 类：务工经商、工作调动、学习培训、随迁家属、投亲靠友、拆迁搬家、寄挂户口、婚姻嫁娶和其他。按照迁移性质又可将这 9 类迁移分为经济型迁移（务工经商、工作调动）、社会型

迁移（拆迁搬家、婚姻嫁娶、随迁家属和投亲靠友）、其他型迁移（学习培训、寄挂户口和其他）。从“六普”数据看，西藏人口迁移以经济型迁移为主，占总体的71.33%，社会型迁移次之，占总体的15.76%。在统计的9项分布中，“务工经商”是迁移流动的首要原因，占65.73%；其次是“随迁家属”，占8.49%；再次是“其他”和“工作调动”，分别占7.45%和5.60%；“学习培训”“投靠亲友”“拆迁搬家”“婚姻嫁娶”和“寄挂户口”分别占5.26%、2.79%、2.26%、2.21%、0.20%（见表5－7）。

表5－7　“六普”西藏迁移人口性别与迁移类型构成表

单位：人，%

迁移类型		男性	女性	合计	比重
合　　计		149798	112207	262005	100
经济型	务工经商	102045	70171	172216	65.73
	工作调动	9846	4832	14678	5.60
	小　　计	111891	75003	186894	71.33
社会型	拆迁搬家	3149	2781	5930	2.26
	婚姻嫁娶	2084	3708	5792	2.21
	随迁家属	9479	12778	22257	8.49
	投亲靠友	2928	4382	7310	2.79
	小　　计	17640	23649	41289	15.76
其　他	学习培训	7646	6132	13778	5.26
	其　　他	12292	7225	19517	7.45
	寄挂户口	329	198	527	0.20
	小　　计	20267	13555	33822	12.91

数据来源：根据“西藏自治区2010年人口普查资料”计算所得。

从迁移类型结构看，近两次人口普查没有根本性变化，即仍是以经济型迁移为主，但其所占比重不断增加。“五普”务工经商迁入占总迁移比重的46.00%，“六普”所占比重提高到了65.73%。这充分说明，随着西藏经济社会的跨越式发展、交通运输和基础设施条件的不断改善，以及城镇化的加速和区内投资条件的改善，吸引劳动力到西藏从事经济型活动的人口在增加。

四 西藏人口流动迁移与城镇化发展

城镇化发展水平的高低是一个地区经济发展的直观反映，也是衡量一个地区经济发展的重要指标之一。人口城镇化通常是以城镇人口占总人口的比重加以描述的，城镇人口的实质内涵是居住在城市或集镇地域范围之内的所有人口，它既包括城镇中的非农业人口，又包括在城镇从事非农产业或城郊农业的农业人口，其中一部分是长期居住在城镇，但人户分离的流动人口。由于近年来城镇化进程的快速发展，城镇地域范围不断扩大、城镇人口量迅速增长，使西藏城镇化发展水平迅速提高。

（一）西藏城镇化的发展现状和特点

1. 城镇化进程加快，城镇人口规模扩大

城镇是经济社会发展的必然产物，是农业社会向工业社会发展的载体，随着生产力水平的提高和社会分工的深化，对推进城乡一体化、缩小区域差别、提高人口素质、加快人口发展起着重要的推动作用。伴随城镇化进程的加快，必然出现人口

从农村向城镇的大规模转移。

据“六普”数据，西藏常住人口为300.22万，其中城镇人口为68.06万，占总人口的22.67%；乡村人口为232.16万，占总人口的77.33%，与“五普”相比，城镇人口增加了17.23万，增长了33.90%，人口城镇化率提高了3.24个百分点；同期乡村人口增加了21.36万，仅增长了10.13%，这说明近10年来西藏城镇人口的增长速度快于乡村，人口城镇化进程明显加快（见表5－8）。

表5－8　“六普”西藏人口城乡分布状况

单位：人，%

地区别	总人口	市人口		镇人口		乡人口	
		人口数	比重	人口数	比重	人口数	比重
拉萨市	559423	208355	37.24	32603	5.83	318465	56.93
日喀则地区	703292	63967	9.10	59767	8.50	579558	82.41
山南地区	328990	—	—	71957	—	257033	—
昌都地区	657505	—	—	85263	—	572242	—
那曲地区	462381	—	—	75284	—	387097	—
阿里地区	95465	—	—	21910	—	73555	—
林芝地区	195109	—	—	61483	—	133626	—
合　计	3002165	272322	9.07	408267	13.60	2321576	77.33

数据来源：《西藏自治区2010年人口普查资料》（第1册），第6～16页。

2. 藏族城镇人口增长速度较快

西藏自治区藏族人口主要分布在乡村，但城镇人口增长也较快，比重不断提高。“六普”西藏藏族有46.35万人分布在城镇，占藏族总人口的17.06%；有225.29万人分布在乡村，占藏族总人口的82.94%。虽然西藏城镇人口的比重较全国近

50%的水平还低很多，但随着经济社会的发展，城镇人口的增长速度高于乡村。2000～2010年，藏族城镇人口增加了94340人，增长了25.56%，而同期乡村人口增加了194880人，仅增长了9.47%，人口城镇化水平由15.21%上升到17.06%（见表5-9），这表明改革开放促进了西藏的城镇建设，市镇人口比重有了较大幅度提高。人口从农牧区转移到城镇，从偏远落后地区转移到较发达地区，从生态环境脆弱地区转移到生态环境良好地区，其转移的过程也将加快西藏城镇化和生态化的步伐。

表5-9 "六普"西藏藏族人口城乡分布状况

单位：人，%

	藏族总人口	市		镇		乡	
		人口数	比重	人口数	比重	人口数	比重
拉萨市	429104	118782	27.68	26187	6.10	284135	66.22
日喀则地区	671664	46996	7.00	49879	7.43	574789	85.58
山南地区	308408	—	—	55480	—	252928	—
昌都地区	627651	—	—	60921	—	566730	—
那曲地区	447429	—	—	62140	—	385289	—
阿里地区	87493	—	—	14376	—	73117	—
林芝地区	144639	—	—	28736	—	115903	—
合　计	2716338	165778	6.10	297719	10.96	2252891	82.94

数据来源：根据《西藏自治区2010年人口普查资料》计算所得。

3. 城镇化发展的地域差异较大

随着西藏经济社会的发展，各地（市）城镇化水平也在不断提高。目前，西藏共设市2个、县城71个、建制镇140个，

城镇建成区面积约190平方公里，城镇人口为68.06万。其中，以拉萨市为中心的区域城镇发展速度最快，拉萨市总人口55.94万，城（市）镇人口24.10万，乡村人口31.85万，人口城镇化率为43.07%；而日喀则地区总人口70.33万，城镇人口12.37万，乡村人口57.96万，人口城镇化率仅为17.60%，表明西藏城镇分布不均衡，地域差异较大。

西藏的城镇主要集中在自然条件相对较好的藏中南宽谷地带和藏东峡谷地区，特别是经济相对发达、人口较为集中的“一江三河”流域，而自然条件恶劣的藏西北高原，尽管占全区土地面积的60%以上，但仅有那曲镇、狮泉河镇等几个规模较小的城镇。由于高原自然环境恶劣，历史上西藏的城镇绝大部分沿雅鲁藏布江及其支流和金沙江、澜沧江、怒江、森格藏布江等主要河流分布。和平解放后，随着交通运输业的发展，公路沿线新兴城镇逐渐增多，主要分布于川藏、青藏、拉萨—日喀则—江孜—亚东、新藏、滇藏、拉萨—泽当等公路干线旁。改革开放后，随着与毗邻国家通商往来的增多，边境口岸型小城镇也在不断发展，使得西藏城镇沿公路、河流和边境线分布，具有分布不均衡、地域密度差异大等特点。

4. 与全国差距拉大，城镇化率居全国末位

近年来西藏人口城镇化发展速度较快，但与全国和其他省区市相比还存在较大差距。“六普”数据显示，西藏城镇化率仅为22.67%，与“五普”时的19.43%相比，上升了3.24个百分点，远低于全国城镇化率49.68%的平均水平，不仅与东部沿海发达省区市比，如广东已达66.18%、浙江已达

61.62%、江苏已达60.22%，相距甚远，与西部省区市相比也处于较低水平，居于全国末位。这说明，西藏在很大程度上还是农村社会，城镇发育很不健全，城镇经济很不发达，拉动人口向城镇聚集的能力非常有限。

（二）影响西藏人口城镇化发展的因素

按我国现行的以城区非农业人口为标准来划分城市等级，西藏的城镇均为小城镇，除了城镇数量少，规模小外，西藏城镇的经济实力弱、基础设施落后、职能单一、内生动力低、吸引力与辐射能力有限，城镇发展面临着诸多困境，折射出西藏城镇发展落后的特点。

1. 人口随资源散布，城镇不易形成

历史上，西藏的主要城镇是沿大江大河的宽谷地带分布的，这里的自然条件相对较好，然而人口随资源散布，其生产活动必然是自给自足的，给分工和产业发展带来极大困难。马克思指出："一切发达的、以商品交换为媒介的分工的基础，都是城乡的分离。可以说，社会的全部经济史，都概括为这种对立的运动。"① 也就是说，只有在城镇，才会产生复杂的分工和交换，产业才可能多向发展，而农村的分工永远是简单的，产业只能单调发展。没有高度发达的分工和市场，城镇很难形成。

① 转引自俞允贵、文德明、金巴杨培《西藏产业论》，中国藏学出版社，1994，第47页。

2. 人口规模小密度低，客观上限制了城镇的发展

在西藏，推进城镇化的最大客观障碍之一是人口稀疏。虽然西藏和平解放60多年来，西藏已经成为我国人口增长最快的地区，从1951年的100多万增长到目前的300多万，但人口规模和人口密度仍偏小，导致城镇规模小、功能不完善，从而对周边地区的辐射和带动作用不强。城镇经济发展水平是在周边城市圈的辐射、带动等相互作用中逐渐繁荣起来的，而西藏由于地广人稀，交通不发达，加之城镇之间距离偏远导致相互作用力小、辐射能力低，经济联系弱，仅仅依靠城镇自身的力量很难推进其全面发展。

3. 资源丰富，但生态环境承载力低

西藏的水、矿产、森林、草地等自然资源丰富，在全国占有重要地位，但资源开发条件较差，不仅受地形复杂、气候恶劣、交通不便、资金不足等条件的制约，而且受人口增长幅度较小、资源再生量较小、生态环境脆弱等方面的限制，开发的综合效益大大降低。西藏的自然和人文旅游资源极其丰富和独特，开发潜力巨大，但也受到基础设施不足和不易到达性的制约。尤其重要的是，西藏的生态环境极度脆弱，资源开发必须在生态环境承载力允许的范围内进行。

4. 城镇规模小，城镇体系难以形成

从整体来看，西藏地域辽阔，但人口少、交通条件差，导致城镇数量少、规模小，城镇体系不易形成，只是在自然条件相对较好、人口相对稠密、交通条件比较方便的局部地区城镇数量较多，如“一江三河”流域的城镇体系正在形成。而在广大的藏西北地区，城镇发展级别很低、零星散布、联系不强，城镇体系很难形成。城镇化的高低通常与经济发展水平同步，而目前西藏仍以农村人口为主，农牧业人口比重高，农村经济结构单一，城镇发展起点低，产业结构层次低、关联性弱，市场狭小而分散，即使城镇规模逐渐扩大，也主要是区域范围的延伸，真正意义上城镇内涵不深、质量不高，职能单一。

（三）人口流动迁移与合理聚集对城镇化的促进作用

就人口城镇化的内涵而言，人口流动迁移与合理聚集对城镇化的推进有着紧密的关系。人口流动迁移促进了城镇化和城市经济的发展，提高了城镇化率，推动了城镇化的发展。由于务工经商，从而直接为市场繁荣和商业、饮食服务业的发展做出贡献，也促进了城市基础设施建设，推动了交通、邮电、通信与产业结构的调整和提升，给经济的进一步发展注入了新的活力。因此，人口流动迁移是城镇化推进的必然要求，城镇化的加速发展，必将带动人口的合理有序流动迁移。

（四）城镇化的快速推进促进人口流动迁移和经济结构转型升级

实践证明，产业优化升级及规模扩张是做大区域经济总量的根本途径，不仅需要在资金、技术、项目储备上加大投入，同时对劳动者素质、人才引进有更高的要求，这将对较高素质

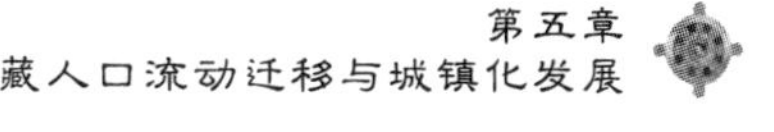

的人口群体产生较强的吸引作用。“六普”西藏全区城镇人口68.06万，人口城镇化率为22.67%，在城镇化快速推进过程中，人口的快速聚集必然产生较大的消费需求和就业需求，相应的就必须提升城镇功能，提升产业发展水平，做大做强经济总量，满足人们居住、生活、就学、就业的更高要求。在优化经济结构，促进产业转型升级方面，西藏尤其要提升第二产业、做强第三产业，提高服务业发展水平。

五 促进西藏人口流动迁移与城镇化发展的对策建议

改革开放以来，西藏的经济社会事业取得了长足发展，城镇化进程也明显加快，在新的历史发展时期，人口作为推动历史进程中最积极、最活跃的因素，发挥了不可替代的作用，其中，人口流动与迁移这一复杂的社会现象或社会行为，与社会经济发展如影随形，改变或影响着城镇化的进程。

就西藏目前的发展水平来看，提高城镇化率要从转移农牧区剩余劳动力着手，农牧区剩余劳动力滞留在农村，挤占有限的土地资源，是导致农牧民收入水平低下的主要原因，也是城镇化水平不高的主要原因。从本质上说，农业劳动力转移是社会总劳动力在三大产业间的重新配置，发生这种变化的基础是生产力水平的提高，是由自然经济向商品经济发展的客观规律所决定的。西藏农牧区剩余劳动力转移所处的现实环境和制约因素决定了其转移是一个复杂的系统工程，只有从实际出发，以经济结构调整为重点、以产业建设为支撑、以加强农牧民职业技能培训为根本，加大政策和资金支持力度，通过西藏适度工业化、城镇化和建设社会主义新农村等途径才能促进农牧区剩余劳动力的稳定有序转移。

（一）推进农业产业化与农业结构调整

农牧业是西藏的基础产业，这与占总人口70%以上的农牧民的衣食住行密不可分，而作为西藏基础产业的传统农牧业却非常脆弱，其原因并不在农牧业本身，而在于恶劣的自然条件，农牧业抵御自然灾害的能力还处在极低的水平上。“提升一产”必须从科技入手，转变经济发展方式，必须对传统农业进行改造，依靠农业科技进步推动传统农业向现代农业转变。农牧民人口数量大，要把数量巨大的农村剩余劳动力的一部分尽可能地稳定在农业内部，就必须充分挖掘农业资源的内部潜力，以市场为导向，加速推进农业产业化建设，围绕农村资源的综合开发，实施优质小麦、油菜、青稞、蔬菜基地、特色农牧业开发、种养业良种工程等，提高农牧业综合生产能力，培育和形成特色优势主导产业并带动改变区域经济布局，通过龙头企业规模化、专业化生产，产供销一体化的农业经营和组织模式，打造西藏高原特色农产品基地，引导农村剩余劳动力就业。

（二）加快乡镇企业发展，带动劳动力“就地转移”

就西藏实际情况而言，“就地转移”即“离土不离乡”的转移策略是农牧区剩余劳动力转移的主要途径。乡镇企业是农

村经济的重要支柱，对从业人员的文化水平和技能要求不高，且就业地点就在家门口，无须长期背井离乡，为农村剩余劳动力转移提供了诸多方便，因此是劳动力就地转移的重要出路。西藏乡镇企业的发展，可以借鉴内地乡镇企业发展的成功经验，把农村剩余劳动力主要转向乡镇企业。[①] 乡镇企业的发展，尤其是农畜产品加工、服务等劳动密集型企业，可以更多更广泛地吸纳大批劳动力就业，同时，由于产业间的关联，能有力地带动原料基地建设，间接带动大批劳动力从事农产品原料的种植和养殖，提高农畜产品附加值增加农牧民收入，是发展高原特色农产品基地的基础。乡镇企业也是小城镇的基础，带动小城镇第二、第三产业的集中，并对就业产生积极的连带效应。

（三）着力加强农牧民职业技能培训

加强农牧民职业技能培训，是促进农牧区剩余劳动力转移的重要保障。当前劳动力供给与市场需求极不对称，市场对劳动力的需求正在由单纯的体力型向技能型和综合型转变，而西藏自治区农牧民劳动力中大中专文化程度的很少，大部分是初中及以下文化程度的，而且大多数没有接受过专业技术培训，因此，必须下大力气，把培训作为引导农牧区剩余劳动力转移就业的重要环节，对外出务工人员进行有针对性的培训，重点突出三方面内容：一是要增加对农村教育的投资，普及九年义务教育，提高农村劳动力的基本文化素质。二是职业技能培

① 多庆：《浅析我区农村剩余劳动力的转移》，《西藏研究》2002 年第 2 期。

训。有针对性地制定农牧民就业培训政策，区分不同行业、不同工种、不同岗位，对外出就业的农牧区劳动力进行基本技能和技术操作规程的培训。三是政策、法律法规知识培训。帮助外出就业的农牧区剩余劳动力及时了解有关务工经商、投资创业，以及回乡创业等方面的政策和规定，熟悉相关法律法规，增强遵纪守法意识，保护自身合法权益。

（四）第三产业发展与小城镇建设结合起来

实施城镇化战略必须着眼于农业产业布局和结构调整，以农业为基础大力发展农村非农产业，通过农村的工业化形成和培育城镇化的基础，合理调整经济结构，建设一批投资小、见效快、无污染、资源可再生，并能容纳大量劳动力的新型产业，以达到既发展经济，又启动市场、扩大就业的目的。在第一产业相对落后，第二产业还很薄弱的情况下，均衡发展之路将十分漫长，通过计划的扶持、诱导和组织，倾斜发展第三产业有望获得跨越式发展。鼓励农牧民进城务工，引导和组织农牧民开展多种经营，开展旅游服务，发展乡村旅游等，培育劳务经济。西藏具备世界级旅游资源，具备打造世界级旅游目的地的条件，拥有宝贵的旅游资源，现在主要是在软件上下功夫，提升品位，搞好旅游景区开发价值普查和信息平台建设，改善旅游设施和目前薄弱的旅游接待能力，同时，要跟上导游咨询服务，培训当地百姓参与到藏家乐、牦牛驮运队、向导、司机等服务性行业中来，让更多的农牧区剩余劳动力参与到乡村旅游行业中去。

农业中出现剩余劳动力并向非农产业转移，从根本上来说，是社会经济发展中产业结构的变化在劳动力就业领域中作用的结果。农业剩余劳动力能否实现转移，直接决定于社会经济达到了什么样的水平，从而是否要求劳动力就业结构到达一个相应的高度。随着社会经济发展水平的提高，劳动力在第一、二、三产业中的分布将呈现出由正三角形向桶形，再向倒三角形结构变化。这一普遍的规律说明，要实现减少农业劳动力、将大量的农业剩余劳动力转移到工业和服务业中就业的目标，就必须努力促进整体经济水平的发展。

第六章　西藏人口发展战略与可持续发展

西藏自元朝归属中央管辖以来，人口一直在 100 万左右徘徊，人口增长非常缓慢，1951 年和平解放时，由于没有经常性户口统计，一般都概括为“百万农奴的西藏”。1959 年民主改革，政教合一制度被废除，宗教特权被取消，宗教势力和影响也大大减弱，生产落后的趋势逐渐被扭转，大部分僧尼还俗，参与生产的人数大量增加，妇女严重过剩的问题得到缓解，生育率不断提高，人口增长速度明显增快。目前全区人口出生率与自然增长率仍高于全国平均水平，扭转了西藏人口长期处于停滞甚至下降的趋势，标志着西藏人口走上了繁荣发展的道路。

“六普”数据显示，进入 21 世纪第一个十年之后，西藏人口发展正呈现出与以往明显不同的阶段性特征。从深层次上看，西藏人口规模、结构、素质、分布等要素之间也呈现出互动、依赖甚至更加复杂的局面，人口自身发展以及与资源、环境的协调发展等问题聚集叠加，如何制定实施合理的人口政

策，解决当前乃至今后一段时间内面临的人口发展中的重大问题，从而实现人口、资源与环境的可持续发展成为一项迫在眉睫的现实命题。

一　西藏人口、资源、环境现状及特点

（一）人口发展现状及特点

西藏全区人口由 1952 年底的 115 万人增加到 2010 年的 300.22 万人，58 年人口共增加 185.22 万，增长了 161.06%，平均每年增加 3.19 万人，年均增长率 1.67%，这一增长速度是新中国成立之前任何时期所没有的，与全国平均水平相比，属于高出生、高增长地区。纵观和平解放 60 多年来西藏人口的发展，可以概括为以下几个特点。

1. 人口增长速度快

西藏人口主要是在 1959 年民主改革后开始恢复增长，特别是自 20 世纪 60 年代中期到 80 年代中期的 20 年间增长速度最快，年均增长率达到 2.30%。“六普”数据显示，2010 年 11 月 1 日西藏全区常住人口已达 300.22 万，与“五普”相比，10 年时间全区共增加 38.58 万人，年均增长率为 1.39%，比全国 0.57% 的平均增长水平高出 0.82 个百分点。目前全区人口出生率不到 16‰，死亡率不足 6‰，自然增长率在 11‰以下，但与全国相比，西藏还是属于高出生、高增长地区，人口增长模式从过去的“高生育率、高死亡率、低增长率”的模式转变

到目前的“高生育率、低死亡率、高增长率”的模式。[1] 因此，高—低—高的模式使人口自然增长较快，同时，随着西藏经济社会的快速发展，区外到西藏经商、求职和创业的人越来越多，这也是西藏常住人口增长较快的原因之一。

2. 人口年龄结构较年轻

根据“六普”数据中西藏男女各年龄组人口构成比例绘制而成的“人口年龄金字塔”观察，底部0~4岁和10~14岁两个年龄组较接近而呈收缩状态，20~29岁年龄组最宽，说明20世纪80年代人口增长较快，从0~59岁几个年龄组看，塔身较宽，说明这几个年龄组人口数量较多，未来人口增长势头依然旺盛，也体现出西藏人口年龄结构较轻的特点（见图1-1）。从人口年龄结构数据来看，全区常住人口中，0~14岁的人口占24.37%，15~64岁的人口占70.53%，65岁及以上的人口占5.09%，劳动年龄人口（15~64岁的人口）比重大，说明了西藏劳动力资源丰富，为经济发展提供了强大的动力，但同时就业压力也相对较大；尽管65岁及以上人口比重较“五普”提高了0.34个百分点，但提高的幅度并不算大，全区年龄结构是合理的。

3. 老年人口增长速度较快

据“六普”数据，西藏60岁及以上的老年人口为230365人，占总人口的比重为7.67%，比2000年“五普”增加了35542人，比重增加了0.22%；65岁及以上的老年人

① 黄志武：《我区常住人口超过300万》，《西藏日报》2011年5月6日。

口152908人，占总人口的比重为5.09%，比“五普”增加了28626人，比重增加了0.34%。无论是按照国内标准计算还是按照国际标准计算的老年人口系数（国内标准为60岁及以上老年人口比重达到10%、国际标准为65岁及以上老年人口比重达到7%，即为老年型社会），西藏老龄化并不明显，年龄结构较年轻。但近10年，西藏60岁及以上老年人口年均增长率达到1.69%，65岁及以上老年人口年均增长率达到2.09%，与总人口年均增长率1.39%相比，老年人口增长速度快于总人口的增长速度。进入老年型社会后的一个显著特点就是老年人口负担加重，按国际标准计算，“五普”时，西藏老年抚养比为7.42%，“六普”时下降到7.22%，下降了0.20个百分点；按国内标准计算的老年抚养比则由12.13%下降到11.29%，下降了0.84个百分点，老年抚养比并不高，这得益于西藏和平解放后在党中央和各级政府的关心和帮助下，西藏社会生产力有了长足发展，人口死亡率的有效控制和人口出生率较高，才得到15~64岁劳动年龄人口增长较快的结果。

4. 人口密度小，分布极不平衡

西藏地域辽阔，地形复杂，气候类型复杂多样，人口分布极不平衡。“六普”数据显示，西藏常住人口300.22万，人口密度为2.5人/平方公里，是全国人口密度最小的省区。从水平分布来看，“一江三河”流域是人口最稠密的地区，这些地方是主要的农耕区，粮食产量占全区的80%以上，80%的人口分布在雅鲁藏布江流域及藏东三江流域，而阿里地区、那曲地区的人口密度仅为0.7人/平方公里，是主要的畜牧业地区，羌塘草原则被称为“无人区”。从地区分布来看，人口密度高于全区平均水平的有拉萨市、昌都地区、山南地区和日喀则地区。从垂直分布来看，87.30%的人口居住在海拔3000~4500米之间地区，而海拔2500米以下和4500米以上的地区，人口密度极低。这样的人口分布特点既与其自然、地理和气候环境的影响有直接关系，也与其历史发展、经济、人文景观的差异有联系。

5. 人口受教育程度较低

西藏和平解放以来，教育事业获得了较快的发展，人口的受教育程度有了很大的提高。“六普”数据显示，全区常住人口中，具有大专及以上文化程度的人口为165324人，占6岁及以上人口的6.11%；具有高中（中专）文化程度的人口为131027人，占6岁及以上人口的4.84%；具有初中文化程度的人口为385793人，占6岁及以上人口的14.26%；具有小学文化程度的人口为1098468人，占6岁及以上人口的40.52%。同“五普”相比，每10万人中具有大专及以上文化程度的由1283人上升为5507人；具有高中（中专）文化程度的由3549人上升为4364人；具有初中文化程度的由6343人上升为12850人；具有小学文化程度的由30441人上升为36589人。但与全国其他省区市相比，目前西藏的人口受教育程度仍然很低。据“六普”数据显示，西藏6岁及以上人口中，文盲和仅受过小学教育的比重仍分别高达34.19%和40.60%，远远高于全国5.00%和28.75%的平均水平，受过大专及以上教育程度的人口比重仅为6.11%，远远落后于全

国9.53%的平均水平。此外，西藏人口的受教育程度还存在着城乡差别和性别差异。农牧区人口的受教育水平还很低，文盲、半文盲比重还比较高，大约占全区总人口的70.00%以上，女性受教育程度低于男性。因此，要提高西藏人口的文化素质，任务还十分艰巨。

（二）自然资源现状及特点

西藏的自然资源丰富，从整体上来说，具有分布广泛、结构复杂、种类多、数量大的优势：自然资源构成从东南到西北为森林资源、生物资源、水能资源、农业耕地资源、农副产品资源、草场畜牧资源和太阳能资源、地热及风能资源，依次呈叠交排列组合。从自然资源具体的分布状况来看，其中能源在空间分布组合上呈东西互补的状态；矿产资源具有分布广泛、相对集中的特点，这些为西藏实现可持续发展奠定了资源基础，也为人口的发展提供了一定的资源空间。①

1. 森林、草地、湿地面积大

2011年，全区共有天然草地面积8511万公顷，其中可利用天然草地面积6910万公顷，人均345亩；全区现有森林1462.65万公顷，森林覆盖率为11.91%；全区湿地600余万公顷，约占全区面积的4.90%，名列全国首位，并拥有世界上独一无二的高原湿地。截至2011年底，全区已建立各类自然保

① 陈华、索朗仁青：《西藏人口、资源、环境与可持续发展》，《人口研究》2002年第1期。

护区47个（国家级9个，自治区级14个，地市县级24个），保护区总面积为41.22万平方公里，占全区面积的34.00%，已建立各类生态功能保护区22个（其中国家级1个）。

2. 水利资源丰富

西藏是我国重要的江河源区，长江、黄河等大江大河以及南亚的许多著名河流都发源于此，素有“江河源”“生态源”之称，蕴藏着巨大的水利资源，位居全国第一。全区河流年径流总量约4482亿立方米，水能资源蕴含量20056万千瓦。西藏也是我国湖泊、沼泽分布最集中的地区和世界上山地冰川最发育的地区。在高原面以下，交织着内外流水系，藏北高原以内流水为主，并形成一些以湖盆为中心的向心状水系；在高原的东、南、西外围地区，主要是南北向和东西向的外流水系，水流湍急，蕴藏着丰富的水能资源；中游宽阔河谷地区是西藏主要工农业分布区。西藏的自然水体绝大部分是洁净的，整个江河源的生态环境演化，必然会引起中下游地区生态环境的变化。目前我国大部分江河都得到了深度的开发利用，而西藏高原的水利资源还处于待开发状态，对我国未来水资源安全起着重要的保障作用。

3. 矿产资源丰富

西藏地处全球三个重要的成矿带，具有很好的成矿条件。截至2010年，西藏已经发现的矿种达100余种，发现矿产地2000余处，各类物化探异点1300个，探明储量的矿床132个，其中能源矿产25个，金属矿产33个，非金属矿产37个，地热资源4个，矿泉水资源11个；已探明矿床规模达到大型的22

个，中型的25个，小型的48个，矿点37个。其中的铬、铜、铁、硼、黄金等矿产资源，不仅是目前我国短缺的矿种，同时也是今后我国上述矿产的重要后备基地。已探明储量的矿产中居全国前10位的有18种，有11种居全国前5位。其中，铬、高温地热、工艺水晶和刚玉储量居全国首位，铜矿和火山灰储量位居全国第二，菱镁矿储量位居全国第三，稀有矿种硼、自然硫和云母储量位居全国第四，砷矿储量位居全国第五，陶瓷土储量位居第六，石膏储量位居第七，泥炭和晶质石磨储量位居第八，锑和重晶石储量位居全国第九。[①]

除了这些非常突出的资源优势外，西藏因地域辽阔，生态类型复杂多样，孕育了丰富的野生动植物物种，是国家重要的生物物种基因库，被誉为“高寒生物自然种质库”。西藏还拥有其他具有利用价值的天然药材资源、太阳能、地热、石油、天然气等，这些资源在全国范围内具有不同程度的比较优势。

（三）生态环境现状及特点

1. 生态环境整体脆弱

西藏的生态环境具有整体脆弱的特点，是地球上生态系统最敏感、最脆弱的区域，即在外力的作用下，生态系统变异的可能性大，造成的环境问题和损失比其他地区严重。据西藏生

① 《青藏铁路即将开通　西藏矿产资源前景可观》，http：//www. stone365. com/html/2006/2 - 16/c18275389808. htm。

态环境脆弱度的相关研究，在被划分为微度脆弱、轻度脆弱、中度脆弱、高度脆弱和极度脆弱的五个等级中，中度以上（含中度）的区域面积达 103 万平方公里，占西藏土地面积的 84.43%，其中，极度脆弱和高度脆弱的区域面积占中度脆弱以上面积的 65.40%。[①] 基于此，中央第五次西藏工作座谈会确定了西藏是我国“重要的生态安全屏障”的战略定位，通过实施三大类十项工程对自然生态系统进行保护和人工生态系统进行建设，使其生态过程和服务功能处于良性循环状态，从而对其周边及更大尺度环境产生保护作用。

2. 资源环境的协调性差

西藏高原矿产、日光、水力、草地、野生动植物等资源丰富，但受生态环境的脆弱性制约，资源优势远远没有发挥出来。一方面，高原的农畜产品、林产品等生态性资源均以生态环境为生存和发展的基础，大规模开发此类资源会造成土地滥垦、草原超载，直接危及资源本身的赋存。另一方面，矿产资源丰富，然而其地表的脆弱性导致矿产资源开发会不断加剧水土流失、草原破坏、土地沙化等。由于西藏资源与环境的不协调性，使资源优势转化为经济优势受到极大制约。

3. 有效环境容量小

西藏高原地域辽阔、人口稀少，从绝对意义上看，人类的生存环境容量大，但因其自然环境严酷、土地的生产力和承载

---

① 钟祥浩、刘淑珍、王小丹、李辉霞、周伟、李祥妹：《西藏高原生态安全研究》，《山地学报》2010 年第 1 期。

力很低，使环境的有效容量缩小。西藏的自然条件决定了其环境的脆弱性，90%以上的国土处于高寒区域，高原山地环境具有高寒性、干旱性、多变性，生态系统具有不稳定性、敏感性、易变性等脆弱性特征，生态安全阈值幅度窄，环境人口容量低，生态环境十分脆弱，不合理的人为干扰会造成生态系统的迅速退化，而且一旦遭受破坏便难以恢复。西藏频繁的自然灾害加剧了生态环境的脆弱性。在寒旱交加的高原西部，风沙、干旱、灾害、鼠害是主要的自然灾害；而高原东部的高山峡谷区，是水土流失、崩塌、滑坡、泥石流等地质灾害多发区。从整体上来说，雪灾、霜冻、大风、干旱等气候灾害和草地退化、土地荒漠化、水土流失和频繁的地质灾害等自然灾害对西藏的生态环境破坏性极大。此外，在高寒的气候条件下，高原主体的地理过程以物理过程占绝对优势，加之气候暖干化的趋势，化学过程微弱，环境的自净能力很弱，也使有效环境容量减小。因此，西藏主要人口聚居的城镇几乎都面临着环境恶化的严峻局面。

二　西藏人口规模和结构变化趋势预测

（一）数据与预测方案

本预测以“六普”汇总数据为基础，对西藏2010～2050年未来40年人口结构和发展趋势进行预测，以期对西藏人口的数量和变化趋势进行描述。

1. 总人口

本预测以“六普”最新数据为基础，预测 2010～2050 年西藏总人口状况，本预测未考虑“六普”数据漏报问题。

2. 生育率

人口预测是通过生育率、死亡率和迁移率来推算未来人口变化的。生育率的预测包括生育水平和生育率年龄模式的预测。生育水平一般用总和生育率（TFR）表示，生育率的年龄模式就是分年龄生育率。[①] 第六次人口普查数据公布的 2010 年西藏总和生育率为 1.05，如此低水平的总和生育率与西藏经济社会发展水平不符，也远远低于西藏地区政策允许的生育水平。西藏自治区统计局对 2010 年妇女总和生育率进行了调整，根据评估数据，2010 年西藏的总和生育率为 2.07。目前西藏已经趋于“低生育水平”[②]，总和生育率略低于更替水平（TFR = 2.1），已经成为低生育地区之一。由于西藏的计划生育政策十分宽松，在如此低的生育水平下，西藏的总和生育率进一步下降空间有限，短期之内下降不会太迅速。因此在设定预测方案时，假设总和生育率 1.8 为低限。考虑到生育率有可能受到人口结构变动、生育意愿和生育政策的影响，本预测方案对未来生育水平做出高、中、低三种假设方案。

低生育率方案：假设总和生育率从 2010 年的 2.07 持续下

---

① 国家统计局人口和就业统计司、中国人民大学社会与人口学院：《人口和就业统计分析技术》，中国统计出版社，2012，第 95 页。

② 李成福、陈佳鹏：《西藏已婚育龄妇女优生优育抽样调查分析》，《人口与计划生育》2012 年第 12 期。

降到2030年的1.8（相当于2000年全国总和生育率水平），此后保持不变。

中生育率方案：假设总和生育率保持2010年的2.07（接近更替水平）不变。

高生育率方案：假设总和生育率从2010年的2.07逐步上升到2050年的2.35。高方案假设未来总和生育率有可能逐步回升。

对于分年龄生育率的预测，我们选取联合国“亚洲模型”生育表作为全区人口的生育模式。2010年西藏人口出生性别比为105.7。

3. 死亡率

死亡率预测包括对平均预期寿命和死亡率年龄模式的预测。[①] 2010年西藏男性的平均预期寿命为66.33岁，女性为70.07岁。[②] 根据各国的经验数据和联合国平均预期寿命增长模型的数据假设，本研究假设到2050年，西藏男性人口的平均预期寿命将达到71.10岁，女性达到76.40岁。对死亡率年龄模式的预测，由于人口的死亡模式在短期内具有相对稳定性[③]，我们假设未来西藏人口的死亡模式基本不变，运用被广泛使用的寇尔－德曼区域模型生命表的西方模式作为全区人口的死亡模式。

又由于本预测是进行全区范围的预测，西藏人口的迁移活

---

① 国家统计局人口和就业统计司、中国人民大学社会与人口学院：《人口和就业统计分析技术》，中国统计出版社，2012，第92页。

② 中华人民共和国国家统计局编《2011中国统计年鉴》，中国统计出版社，2012。

③ 国家统计局人口和就业统计司、中国人民大学社会与人口学院：《人口和就业统计分析技术》，中国统计出版社，2012，第99页。

动相对较少，加之缺乏相应的调查数据，因此本预测没有考虑迁移的因素。

本预测使用国际通用的人口预测软件 Spectrum 4 进行预测。

（二）总人口数量的变化趋势

从表 6－1 可以看出，在中方案和高方案预测下，西藏总人口数都将呈单调上升趋势。高方案的人口总量将持续增长，预计到 2050 年将达到约 400 万人，在未来的 40 年间，人口增长约 100 万人。中方案在 2030 年后人口增长速度减慢，2050 年人口达到 3853764 人。低方案在预测前期人口呈平稳增长趋势，2045 年左右达到峰值 3638699 人，此后人口开始减少，到 2050 年人口将减少到 3624231 人。

表 6－1　2010～2050 年西藏总人口发展趋势预测

单位：人

年份	低方案	中方案	高方案
2010	3002127	3002127	3002127
2015	3182314	3187673	3190451
2020	3333111	3352775	3363033
2025	3444299	3485749	3507687
2030	3520965	3590884	3628029
2035	3577852	3680032	3736392
2040	3620754	3759423	3841248
2045	3638699	3819962	3935783
2050	3624231	3853764	4012634

数据来源：《西藏自治区 2010 年人口普查资料》，其他年份数据根据本文预测所得。

（三）人口年龄结构变化趋势

2010 年，西藏少儿系数（0～14 岁人口占总人口的比例）为 24.37%，老年系数（65 岁及以上老年人口占总人口的比例）为 5.09%，年龄中位数为 28 岁，根据国际人口类型划分标准，西藏人口已经是成年型。根据预测结果，从 65 岁及以上人口比例来看，三种方案预测出这一比例将在 2025 年左右达到 7%，根据国际人口类型划分标准，这表明西藏将于 2025 年左右变为老年型人口（见表 6－2）。从人口年龄中位数来看，年龄中位数在 30 岁以上是老年型人口。依照年龄中位数这一标准，2015 年西藏人口将成为老年型人口。无论按何种方案和方法计算，西藏未来人口向老年型转变的趋势将难以避免，时间约在 2015～2025 年之间（见表 6－3）。

表 6－2　按三种方案预测的西藏人口年龄结构

单位：%

年份	低方案			中方案			高方案		
	0～14 岁	15～64 岁	65 岁 +	0～14 岁	15～64 岁	65 岁 +	0～14 岁	15～64 岁	65 岁 +
2010	24	71	5	24	71	5	24	71	5
2015	24	71	5	24	71	5	24	70	5
2020	23	71	6	24	70	6	24	70	6
2025	22	71	7	23	70	7	24	70	7
2030	20	71	9	21	70	8	22	70	8
2035	18	71	11	20	69	11	21	69	10
2040	18	69	13	20	68	13	21	67	12
2045	18	68	14	20	66	14	21	65	13
2050	18	66	17	20	64	16	22	63	15

数据来源：《西藏自治区 2010 年人口普查资料》，其他年份数据根据本文预测所得。

表 6-3　按三种方案预测的 2010 ~ 2050 年西藏人口年龄中位数

单位：岁

年份	低方案	中方案	高方案
2010	28	28	28
2015	30	30	30
2020	32	32	32
2025	34	34	34
2030	36	36	35
2035	38	37	36
2040	39	37	36
2045	39	37	36
2050	40	38	36

数据来源：《西藏自治区 2010 年人口普查资料》，其他年份数据根据本文预测所得。

随着总人口年龄结构的变化，未来西藏劳动适龄人口及负担比也将发生显著变化。国际上通常将全部人口按年龄阶段划分为三部分，即 0 ~ 14 岁、65 岁及以上的非劳动适龄人口；15 ~ 64 岁的劳动适龄人口。2010 年劳动适龄人口占总人口的比例为 71%，在中方案预测下，这一比例逐渐下降，到 2050 年下降到 64%。同时 65 岁及以上的老年人口不断上升，从 2010 年的 5% 逐渐上升到 2050 年的 16%（见表 6-2）。

（四）人口老龄化发展趋势

1. 老年人口数量逐渐增多、比重增大

老年人口的数量无论何种方案都没有区别，因为我们的预测期只有 40 年，在未来 40 年中，老年人口的数量只受到死亡率的影响，而不会受到生育率的影响。因此，不同生育方案下老年人口的数量没有差别，但是老年人口的比例却受到总人口

变动的影响。

从预测结果中得知，无论按低、中、高何种方案，老年人口的数量和比例都将逐渐增加。到2025年，60岁及以上的老年人口比重将超过10%，进入老龄化社会。到2050年，低方案中老年人口的比重将达到24.30%，高方案也将达到21.95%（见表6－4）。

表6－4　60岁及以上老年人口数及其所占比重

单位：人，%

年份	低方案		中方案		高方案	
	人口数	比重	人口数	比重	人口数	比重
2010	230327	7.67	230327	7.67	230327	7.67
2015	259551	8.16	259551	8.14	259551	8.14
2020	302583	9.08	302583	9.02	302583	9.00
2025	391507	11.37	391507	11.23	391507	11.16
2030	497378	14.13	497378	13.85	497378	13.71
2035	599907	16.77	599907	16.30	599907	16.06
2040	681820	18.83	681820	18.14	681820	17.75
2045	786663	21.62	786663	20.59	786663	19.99
2050	880792	24.30	880792	22.86	880792	21.95

数据来源：《西藏自治区2010年人口普查资料》，其他年份数据根据本文预测所得。

2. 人口抚养比先下降后上升

在人口统计中，14岁及以下的少儿人口和65岁及以上的老年人口通常被看作被抚养人口，这两部分人口分别与15～64岁劳动年龄人口的比值称为少儿抚养比和老年抚养比，这两个指标分别反映了少儿人口和老年人口的负担状况。这两部分人口总数与劳动年龄人口的比值称为人口总抚养比，反映了社会对少儿人口和老年人口的负担状况。

预测结果显示，无论按低、中、高哪种方案，未来40年西藏人口的总抚养比都呈现出先下降或保持稳定，后上升的趋势。人口总抚养比从2010年稳定至2025年，之后逐渐上升，即2010～2025年就是我们通常所说的“人口红利”期，应牢牢抓住这一难得的机遇期促进西藏的经济社会发展。

由表6－5分析可见，在中方案下，2010～2040年，少儿抚养比将持续下降，由35%下降到29%，降低6个百分点；老年抚养比上升幅度较大，将由2010年的7%上升到2050年的25%，增加18个百分点。2010～2030年，由于少儿抚养比下降幅度与老年抚养比上升幅度相当，总抚养比稳定在42%，此后由于老年抚养比大幅上升而显著增长，到2050年总抚养比达到56%（见图6－2）。

表6－5　三种预测方案下的西藏人口抚养比

单位：%

年份	低方案			中方案			高方案		
	总抚养比	少儿抚养比	老年抚养比	总抚养比	少儿抚养比	老年抚养比	总抚养比	少儿抚养比	老年抚养比
2010	42	35	7	42	35	7	42	35	7
2015	41	34	8	42	34	8	42	34	8
2020	41	33	8	42	34	8	43	34	8
2025	41	31	9	42	33	9	43	34	9
2030	40	28	12	42	30	12	44	32	12
2035	41	26	15	44	29	15	46	31	15
2040	44	26	19	47	29	18	49	31	18
2045	48	26	21	51	30	21	53	33	21
2050	53	27	26	56	31	25	59	35	24

数据来源：《西藏自治区2010年人口普查资料》，其他年份数据根据本文预测所得。

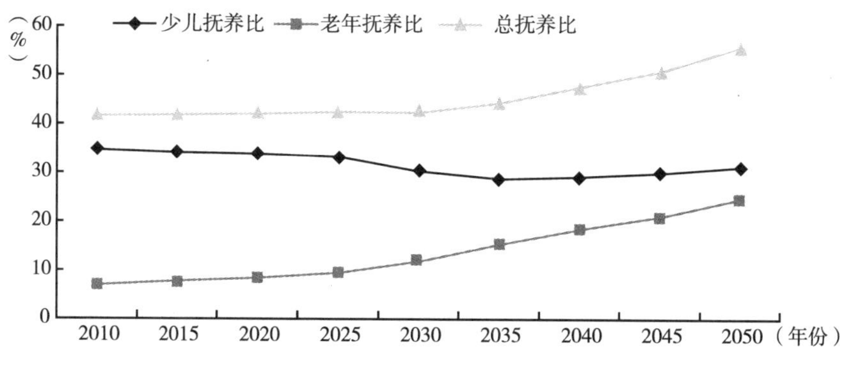

图 6－1　西藏人口抚养比变化趋势（中方案）

数据来源：《西藏自治区 2010 年人口普查资料》，其他年份数据根据本文预测所得。

3. 高龄老年人口数量不断增长，在老年人口中的比重先降后升

通常我们以 80 岁为分割点，将老年人划分为低龄老人（60～79 岁）和高龄老人（80 岁及以上）。伴随着人口老龄化过程的是老年人口高龄化①，西藏人口老龄化也呈现出逐渐高龄化的特点。

从预测结果可知，在整个预测期内，80 岁及以上高龄老年人口数量不断增加，从 2010 年的 22868 人增长到 2050 年的 92125 人，40 年间将增加近 7 万人。高龄老人占老年人口的比重先下降后上升，从 2010 年的 9.93% 下降到 2035 年的最低点 6.81%，说明在高龄人口总量迅速增加的同时，60～79 岁的低龄老人总量也在增加并且其增加速度快于前者；之后，随着 20 世纪 60 年代出生高峰期人口步入高龄期，80 岁及以上的高龄

① 曾毅：《中国人口分析》，北京大学出版社，2005，第 64 页。

老人的比例会稳步上升（见表6－6）。高龄老人的带病、带残率较高，需要更多的医疗保障资源和生活照料护理，因此应重视高龄老人不断增多的趋势，积极发展相关的服务和产业，做到未雨绸缪。

表6－6　80岁以上人口的数量变化及占60岁及以上老年人口的比例

单位：人，%

年份	人数	比例	年份	人数	比例
2010	22868	9.93	2030	30783	7.14
2015	23789	9.17	2035	40874	6.81
2020	26726	8.83	2040	50289	7.38
2025	30783	7.86	2050	92125	10.46

数据来源：《西藏自治区2010年人口普查资料》，其他年份数据根据本文预测所得。

三　人口、资源、环境与可持续发展的关系

（一）马尔萨斯曾提出警示

关于人口快速增长对经济社会发展产生的压力问题在20世纪才凸显出来，但是早在18世纪，马尔萨斯就在其《人口原理》中对这一问题进行了描述，并提出警示。马尔萨斯提出，人口是以几何级数增长，而土地、资源等则是以算数级数增长，二者的矛盾会导致资源的过度开发和利用，人类最终会陷入贫困之中。这一“危言耸听”的人口理论因过于消极而受到来自各方面的批评和攻击。首先，马尔萨斯的理论存在一定

局限性，因为人口的增长除了受生物自然规律的影响外，还要受到社会文化发展等社会机制的制约，因此，并不是他所强调的几何级数的无限增长。但是，从可能性和前瞻性的角度来看，他提出的问题还是值得人们深思的。由于资源是有限的，尽管科学技术突飞猛进在一定程度上掩饰了资源的稀缺和不足，但现实中很多国家和地区仍然出现了严重的资源短缺，全球生态环境也面临着严重的恶化问题，这一切都表明，人口快速增长对资源、环境、社会发展形成的压力是存在的，而且是非常严峻的。

（二）可持续发展

可持续发展的观念由来已久，但真正作为一种发展战略，为联合国和世界各国所普遍关注，是在 1987 年由挪威前首相布伦特兰夫人主持的世界环境与发展委员会发表的研究报告《我们共同的未来》中正式提出的。

可持续发展就是既要满足当代人的需求，又不对后代人的发展需求构成威胁的发展，即既要考虑当代发展的需要，又要考虑未来发展的需要。可持续发展的核心是发展，实质是要实现人口、资源、环境的协调发展，促进经济社会和人的全面发展。

我国是一个发展中国家，资源的种类多、数量大，但人均占有量小、开发难度大，资源开发利用不尽合理，造成的浪费和损失严重。可持续发展战略是党中央的重大决策，也是我国现代化进程中的必然选择，必须将其作为重大战略，使人口增长与社会生产力的发展相适应，使经济建设与资源、环境相协调，实现良性循环，既要达到发展经济的目的，又要保护好人类赖以生存的资源和环境，实现子孙后代永续发展。

四　实现人口、资源与环境可持续发展的对策建议

西藏的生态环境保护历来受到中央的高度重视，中央第五次西藏工作座谈会明确了西藏是“重要的生态安全屏障”的战略定位，提出了确保西藏生态环境良好的战略目标，表明西藏的生态环境保护已经上升到国家战略。近几年来，无论是党的十七大、十八大，还是自治区第七、第八次党代会和九届人大，都有关于生态环境保护的部署。新时期，为贯彻落实党的十八大精神，西藏自治区提出建设“六个西藏”的新要求，明确了建设富裕西藏、和谐西藏、幸福西藏、法治西藏、文明西藏、美丽西藏的发展目标。

（一）坚持人口、资源、环境可持续发展的综合决策

人口问题是指人口的数量、质量以及人口结构等要素与人类的物质资料生产和社会的良性运行及发展不和谐、不相称的现象。[①] 主要包括三个方面：数量方面，表现为人口增长过快、

① 郑杭生主编《社会学概论新修》，中国人民大学出版社，2006，第376页。

规模迅速膨胀；质量方面，表现为受教育程度较低、健康水平不高；人口结构方面，表现为年龄结构、性别结构、职业结构、城乡结构等与物质生产、社会生活以及可持续发展不相协调。研究人口问题，对于分析和理解社会结构特征、社会发展变迁规律具有重要意义。“环境”之所以能够成为一个“问题”，是因为首先承认了这样一些前提：(1) 环境承载力的有限性。就是指某一国家或地区的环境所能承受的人类活动的阈值。(2) 技术的有限性。包括技术种类、功能、开发的有限性，是指在特定的社会经济发展阶段，人类难以迅速通过技术进步获得新的生存空间，或取得发展所必需的替代资源。(3) 通过人类活动改善环境的可能。这意味着通过人类的主观努力，环境状况的改善是有可能的，如果面对的情况毫无解决办法，那么就没有必要当作问题提出了。

在人口与资源、环境的关系上，首先，要提高人口质量，不断满足人的需求，促进人的全面发展；其次，要有效、节制、循环利用资源，实现资源的永续利用；最后，环境为人类提供生态系统服务和生存空间，人类生存发展所需的资源归根到底来源于自然生态系统，必须使自然生态系统处于良性循环之中。总之，人口、资源、环境是一个密不可分的系统，协调好三者的关系，才是符合生产发展、生活富裕、生态良好的文明发展。

（二）控制人口过快增长，努力提高人口素质

结合实际大力倡导“自愿生育控制”，控制人口过快增长。提倡“自愿生育控制”，是使之有别于内地实施的“强制性生

育控制”政策，即农牧民仍然对自己的生育权利持有决定权，但帮助那些想避免生下“不想要的孩子”的父母提供避孕工具和方法。当前，西藏自治区政府实行的是“一、二、三”的生育政策。“一”是指对在藏的汉族干部、职工实行一对夫妇只能生育一个孩子的政策（特殊情况可经批准生育二胎）；“二”是指在藏族干部、职工中，除特殊情况经批准可以生育第三胎外，一对夫妇只能生育两个孩子，间隔要满三年；“三”是指在农牧区提倡一对夫妇只生育三个孩子（最好不超过四个），间隔三年左右，但坚持自愿的原则，自愿选择生育数量，不做硬性规定和限制。应该说这一政策是比较符合西藏的实际情况的，从目前多数群众的生育意愿来看，大多数农牧民群众并不愿多生，而且已认识到了人口增长与耕地减少的矛盾，希望得到避孕节育服务的要求日益强烈。不仅农牧民中存在生育控制的愿望，而且在西藏也有成效显著的自愿性生育控制政策实施的案例，典型的是藏北草原上的那曲县 1992 年和 1998 年两度被评为全国计划生育先进县。

中共十八大报告在谈到人口问题时提出：坚持计划生育的基本国策，提高出生人口素质，逐步完善政策，促进人口长期均衡发展。十七大报告提出：坚持计划生育的基本国策，稳定低生育水平，提高出生人口素质。两次报告中都提出坚持计划生育的基本国策，就是说面临资源、环境的巨大压力，要控制人口过快增长，要坚持计划生育的基本国策。与此同时，提高出生人口素质表明更加关心人口素质和人口的可持续发展，对人口问题应从稳定低生育水平、加快人力资源向人力资本转

变，只有把提高人口素质作为第二次人口红利来开发，“科技兴藏”才会有坚实的基础，才能实现西藏的经济社会发展和民族繁荣。

（三）加强生态保护与建设，合理开发利用资源

建设离不开保护，保护是建设的基础，必须对现有森林、草地、野生动植物、水资源等进行有效保护，防止退化和新的破坏。保护生态最有效的办法是建立各类自然保护区，强化对自然资源的管理，严格限制人为破坏，从而恢复自然生态系统的良性循环和生物资源的可持续利用。目前，全区已建立各类自然保护区47个，总面积41.22万平方公里，占全区土地面积的33.79%，居全国之首，在全国率先启动生态功能保护区建设22个；全区主要江河、湖泊、城市集中饮用水水源地水质状况保持良好，主要城镇大气环境质量整体优良，均达到《环境空气质量标准》二级标准，生态环境良好。同时，要建立和完善环境保护法规体系，出台各类配套政策法规，将美丽西藏与法制建设结合起来，纳入法制化轨道，才能形成经济发展与生态保护的综合决策，实现资源的合理开发利用，把资源优势转化为经济优势，保持资源的永续利用。

（四）转变经济发展方式，建立循环型社会

经济发展和环境保护是西藏实现跨越式发展和可持续发展目标的保障，二者缺一不可。过去，我们对资源消耗的太多，破坏的太重，造成生态系统的极大破坏和巨大压力，能量流动

如是单向的“开发—利用—抛弃”，那是不道德的，也是不可持续的。转变经济发展方式，就是要实现资源由粗放向集约利用的转变，实现由经济增长向经济社会全面进步的历史性跨越，实现由生态环境恶化向绿色发展的转变，总之就是要紧密联系西藏实际，走出一条科学发展之路，形成具有鲜明特色的发展模式，把生态环境保护建设融入经济、社会、政治、文化建设的各方面和全过程，树立尊重自然、保护自然、顺应自然的理念，坚持绿色发展、低碳发展、循环发展，按照资源不断循环利用、物质和能源反复循环流动，遵循“减量化、再利用、资源化”的原则，探索发展循环经济，这对于资源丰富但生态环境极度脆弱的西藏，是实现科学发展、可持续发展的必然选择和重要保证。

（五）发展环境友好型产业，实现产业结构和生态系统的对接

以生态理论为基础，充分利用现代科技手段，重点发展特色种养殖业、民族手工业、藏医藏药业、旅游业、生态能源等环境友好型产业。首先，发展生态农业。发展生态农业必须从科技入手，转变经济发展方式，依靠农业科技进步推动传统农业向现代农业转变，提高科技攻关和科技成果转化力度，在作物栽培、高效养殖、农畜产品加工等领域引进、消化、吸收、推广先进适用技术，加大高原特色农畜产品自主创新力度。其次，发展生态工业，走新型工业化道路。重点发展新型建材、藏医药、高原特色食品加工业、生态能源等，注重开发水能资

源、太阳能资源，改变能源消费结构，推广清洁能源，限制矿产资源开采，推进和谐矿区建设，保护生态环境。最后，大力发展第三产业。西藏独特的自然和人文资源是发展旅游业的基础，2012 年首次实现旅游总收入增幅高于旅游接待人次增幅，全区接待国内外游客突破1000 万人次，实现旅游总收入 132 亿元。为此，加大资金投入，加快基础设施建设，科学规划旅游区域，加强对旅游景点的宣传力度，加快发展咨询、信息服务业，提升流通业，扩大旅游项目，注重对民俗和民族性的保护，让更多的农牧民参与到旅游服务业中来，也将成为扩大就业的有效途径。总之，要紧密联系西藏实际，把产业结构和生态系统有效对接，走出一条科学发展之路，才能提高发展质量，增强发展后劲。

主要参考文献

陈华、索朗仁青:《西藏人口、资源、环境与可持续发展》,《人口研究》2002 年第 1 期。

代欣言:《农牧区育龄妇女生育意愿的变化》,《西藏研究》2001 年第 1 期。

多庆:《浅析我区农村剩余劳动力的转移》,《西藏研究》2002 年第 2 期。

费孝通:《论中国家庭结构的变动》,《天津社会科学》1982 年 6 月 30 日。

费孝通:《乡土中国　生育制度》,北京大学出版社,2003。

郭志仪、曹建云:《2006 ~ 2050 年西藏人口发展趋势预测》,《西藏大学学报》2006 年第 4 期。

郭志仪、毛慧晓:《中国五大藏区人口变动与迁移》,《人口与经济》2009 年第 1 期。

国家统计局人口和就业统计司、中国人民大学社会与人口学院:《人口和就业统计分析技术》,中国统计出版社,2012。

国庆：《从统计数据看40年西藏社会发展的巨变》，《西藏研究》1991年第2期。

国务院人口普查办公室、西藏自治区人口普查办公室编《当代中国西藏人口》，中国藏学出版社，1992。

何景熙、李艾琳：《西藏人口转变中的“人口红利”问题探讨——从人口发展态势看西藏的机遇与挑战》（上），《西藏研究》2006年第3期。

黄荣清：《年龄结构对人口增长的作用力度量——兼谈中国少数民族人口年龄结构》，《中国人口科学》1996年第2期。

黄志武：《我区常住人口超过300万》，《西藏日报》2011年5月6日。

来仪：《西藏藏族人口东向流动现实意义探微》，《西南民族大学学报》2012年第9期。

李成福、陈佳鹏：《西藏已婚育龄妇女优生优育抽样调查分析》，《人口与计划生育》2012年第12期。

李坚尚：《西藏人口与西藏人权》，《西藏研究》1998年第1期。

李建新：《中国人口结构问题》，社会科学文献出版社，2009。

李琳、谢高地、曹淑艳等：《中国生态足迹报告（2010）》，世界自然基金会和中国环境与发展国际合作委员会联合发布，2010年11月10日。

联合国开发计划署驻华代表处与中国人民大学：《中国人类发展报告》，中国出版集团公司中国对外翻译出版公司，

2009。

洛桑·灵智多杰：《青藏高原环境与发展概论》，中国藏学出版社，1998。

欧阳志云、王如松：《生态系统服务功能与可持续发展》，中国环境科学出版社，1999。

樊杰、王海：《西藏人口发展的空间解析与可持续城镇化探讨》，《地理科学》2005 年第 8 期。

《青藏铁路即将开通　西藏矿产资源前景可观》，http://www.stone365.com/html/2006/2－16/c18275389808.htm。

曲海波：《中国人口老龄化的人口学原因》，《人口研究》1989 年第 4 期。

土登、代欣言：《西藏人口发展与计划生育》，《西藏研究》1996 年第 2 期。

王树新：《西藏自治区的人口迁移及迁移人口状况分析》，《人口研究》2004 年第 1 期。

王小丹：《西藏高原生态功能区划研究》，《地理科学》2009 年第 5 期。

西藏自治区第六次全国人口普查领导小组办公室等编《西藏自治区 2010 年人口普查资料》，中国统计出版社，2012。

西藏自治区第六次全国人口普查领导小组办公室、西藏自治区统计局编《2010 年西藏自治区第六次全国人口普查主要数据》，中国统计出版社，2011。

西藏自治区对外文化交流协会：《西藏人口》，五洲传播出版社，2007。

西藏自治区人口普查办公室编《世纪之交的中国人口：西藏卷》，中国统计出版社，2005。

西藏自治区人口普查办公室编《西藏自治区2000年人口普查资料》，中国统计出版社，2002。

《西藏自治区“十二五”时期国民经济和社会发展规划纲要》，西藏人民出版社，2011。

西藏自治区统计局：《西藏统计年鉴（2011）》，中国统计出版社，2011。

西普：《西藏妇女与计划生育》，《民族团结》1995年第8期。

俞允贵、文德明、金巴杨培：《西藏产业论》，中国藏学出版社，1994。

曾毅：《中国人口分析》，北京大学出版社，2005。

张天路：《西藏人口的过去、现状与前瞻》，《中国人口科学》1994年第2期。

郑杭生主编《社会学概论新修》，中国人民大学出版社，2006。

中华人民共和国国家统计局编《2011中国统计年鉴》，中国统计出版社，2012。

中华人民共和国国家统计局：《2010年第六次全国人口普查主要数据公报（第1号）》，2011-04-28，http://www.stats.gov.cn/tjgb/rkpcgb/qgrkpcgb/t20110428_402722232.htm。

中华人民共和国国务院新闻办公室编《西藏和平解放60年》，人民出版社，2011。

钟祥浩、刘淑珍、王小丹、李辉霞、周伟、李祥妹：《西藏高原生态安全研究》，《山地学报》2010 年第 1 期。

周星君：《旧风俗对西藏人口的影响》，《人口》1985 年第 2 期。

左齐：《中国藏族人口再生产转型研究》，《西藏研究》1996 年第 3 期。

后 记

本书是2011年国家社科基金重大特别委托项目“西藏历史与现状综合研究项目”《第六次人口普查中西藏藏族人口相关数据分析研究》（项目编号XZ1116）招标课题的最终成果。

本课题由课题负责人王娜提出研究提纲、分析框架、研究内容，并制订目实施方案。在研究过程中，课题组成员对所需理论知识进行了充分学习和交流，奠定了研究的理论基础；对所掌握的第六次人口普查中西藏藏族人口相关原始数据进行筛选、分类、汇总，利用统计学理论和方法、模型进行统计分析，建立指标体系；最后根据课题组成员研究专长对项目进行分工，并要求课题组成员之间加强协作，以保证课题完成的质量。

本书第一、二、四章由王娜撰写，第三、五章由土多旺久、王娜撰写，第六章由王娜、史云峰、段玉珊撰写，最后由课题负责人对最终成果进行统一修改、统稿。经过不懈努力，课题于2013年4月顺利结项，鉴定等级为良好。

在课题组成员的共同努力下，共发表六篇阶段性成果，其中两篇分别发表在国家级核心期刊《西藏研究》和全国优秀学报《西藏民族学院学报》上，显示了本课题的学术价值；作为本课题进一步的实证研究，课题组成员作为主持人成功申报2012年国家社会科学基金一般项目“西藏藏族人口城镇化及其就业取向和特点研究”，凸显出本课题的应用价值。课题组成员主持完成西藏自治区第六次全国人口普查领导小组办公室2012年课题四项，为制定和实施西藏人口政策提供了理论和现实依据，产生了良好的社会效益和影响。

本课题尚存在一些不足和需要深入研究的问题。

（1）鉴于西藏“六普”资料中关于全区和藏族人口数据没有完全公开和相关藏族资料的难获得性，本课题在研究过程中，遇到了部分藏族人口难以剔出的困难，因此家庭规模、家庭类型均采用全区人口家庭状况数据，而藏族家庭的分析无法进行。希望在“六普”数据的进一步开发利用中掌握藏族人口相关数据和资料，以期做进一步的深入分析。

（2）西藏整体尚未进入老龄化社会，但局部已呈现出老龄化形态，在现行全国老龄化标准下，由于全区的老年人口所占比重相对较低，人口老龄化并未在西藏引起足够的重视，在相关的政策制定和学术研究方面也有所欠缺。然而通过与全国人均预期寿命的比较，西藏的老龄化标准界定问题、退休年龄问题、养老保险问题都值得进一步研究和商榷。

（3）西藏城镇化进程中遇到的最大困难莫过于人口规模偏小和人口密度过疏。人口过疏和随资源分布，导致市场狭小而分散，产业很难聚集，在很大程度上只能是乡村社会。城镇化必然带来人口从乡村向城镇的迁移，然而目前在农牧区剩余劳动力数量巨大的情况下，人口流动并不充分，一方面是就业结构升级缓慢致使产业结构与就业结构严重偏离，另一方面在于西藏是边疆地区，边境人口对国家安全、社会稳定发挥着极其重要的作用。因此西藏如何与全国一道在城乡一体化进程中，提高人口城镇化水平，需要政策实践者和学者的进一步探讨。

鉴于课题组成员的水平有限，部分理论问题和政策研究有待进一步学习和思考。

本课题研究得到了西藏自治区党委宣传部理论处、西藏自治区党校的关心和大力支持，得到了社会科学文献出版社袁清湘、周志静女士及周志宽责编的悉心指导和斧正，在此表示诚挚的感谢！

王　娜

2015 年 3 月于拉萨

图书在版编目(CIP)数据

西藏藏族人口相关数据分析研究/王娜著.—北京：社会科学文献出版社，2015.8
（西藏历史与现状综合研究项目）
ISBN 978-7-5097-7316-1

Ⅰ.①西… Ⅱ.①王… Ⅲ.①藏族-人口统计-统计数据-分析-西藏 Ⅳ.①C924.257.5

中国版本图书馆CIP数据核字（2015）第063360号

·西藏历史与现状综合研究项目·
西藏藏族人口相关数据分析研究

著　　者／王　娜

出 版 人／谢寿光
项目统筹／宋月华　袁清湘
责任编辑／周志宽

出　　版／社会科学文献出版社·人文分社（010）59367215
地址：北京市北三环中路甲29号院华龙大厦　邮编：100029
网址：www.ssap.com.cn
发　　行／市场营销中心（010）59367081　59367089
读者服务中心（010）59367028
印　　装／三河市尚艺印装有限公司

规　　格／开 本：787mm×1092mm　1/16
印 张：10　字 数：141千字
版　　次／2015年8月第1版　2015年8月第1次印刷
书　　号／ISBN 978-7-5097-7316-1
定　　价／59.00元